內在的自由

新亞校園生活今昔剪影

譚偉平 張冠雄 蔡玄暉 主編

內在的自由 —— 新亞校園生活今昔剪影

主　　編	譚偉平教授　張冠雄先生　蔡玄暉博士
編輯委員會	陸國燊博士　張洪年教授　梁嘉儀女士
	樊善標教授　盧達生先生　（排序按姓氏筆劃序）
執行編輯	洪振邦先生
項目助理	黃卓謙先生
責任編輯	張宇程
封面設計	黃鑫浩
出　　版	商務印書館 (香港) 有限公司
	香港筲箕灣耀興道 3 號東滙廣場 8 樓
	http://www.commercialpress.com.hk
發　　行	香港聯合書刊物流有限公司
	香港新界大埔汀麗路 36 號中華商務印刷大廈 3 字樓
印　　刷	美雅印刷製本有限公司
	九龍觀塘榮業街 6 號海濱工業大廈 4 樓 A
版　　次	2020 年 2 月第 1 版第 1 次印刷
	© 2020 商務印書館 (香港) 有限公司
	ISBN 978 962 07 5846 1
	Printed in Hong Kong

導　言

　　錢穆先生於一九五八年在《新亞生活雙周刊》的〈發刊詞〉說：「這一份《新亞生活雙周刊》，便想把新亞生活之各部門、各方面，儘量彙集披露出來。……這份雙周刊，繼續着三年五年，八年十年；將來要了解新亞如何生長、如何成熟、如何發展，以及新亞生活中究竟包藏了些甚麼；所謂『新亞精神』究竟具體表現了些甚麼，便要憑這份刊物來察看、來推尋。」在新亞書院成立七十年後的今天，究竟甚麼樣的具體生活表現出「新亞精神」？

　　這本書的目的就是從新亞書院的生活中尋找有意義的價值。我們在編輯過程中翻閱歷年的《新亞生活雙周刊》、《新亞生活月刊》及相關文章（以下統稱為《新亞生活》），察看早年新亞前賢在艱苦的生活中仍堅持追求生命的價值，而學子在懵懂的學習中繼續尋找生活的意義，成長的鍛煉造就出一代又一代具「新亞精神」的新亞人，更重要的是他們日後如何在社會

上各自有所貢獻。但新亞人亦隨社會的改變而改變，對甚麼是有價值出現不同的理解，追求的目標也各有不同，也許唯一相同的，是不斷學習如何面對社會的恒常變遷，建立一套自我的信念。

錢穆先生在〈新亞四十周年紀念祝辭〉所言：「四十年後，新亞即將面對一個與以前全然不同的環境，他所負的歷史使命也將有所不同。我們要對抗外來的壓迫是比較容易的，建立內在的自由卻轉較難。」[1]錢先生原意以四十周年為分水嶺，前四十年以對抗外來的壓迫為主，四十周年之後當致力於「建立內在的自由」。但他沒有排除前四十年在對抗壓迫外，仍努力於內在的自由。正規課堂外的校園生活，或可詮釋為這種努力。「對抗外來的壓迫」可泛指在生活上遇到的困難，只要多加努力大部分的困難當能克服，「建立內在的自由」則是追尋自我的精神價值，乃是生命價值的昇華。本書書名定為「內在的自由」，即取義於此。

《內在的自由》的文章主要從歷年的《新亞生活》選出，分為「人」、「情」、「地」、「理」四個範疇，旨在反映新亞師生的生活體驗和對生命價值的追尋，並希望這些體驗和追尋能引發

1　錢穆：〈新亞四十周年紀念祝辭〉，《新亞生活月刊》，第十七卷，第一期，頁2。

更多人的共鳴。

如錢穆先生所言：「孔子教我們最重要的就是要一輩子學習如何做人。」[2]《論語・述而》說：「志於道，據於德，依於仁，遊於藝。」可見孔子以「道」為人生的首要目標。在〈新亞書院十年來的回顧與前瞻〉一文中錢穆先生說到：「新亞最可寶貴之處，則為自己有一套理想，並始終堅持此一理想，來迎接外面的種種事變。」[3]正道出處於艱難之時，仍要堅持理想。這種堅持並非空話，三篇有關師長的文章 ——〈師長素描〉、〈三個性格〉及〈貧民區裏的大師〉—— 通過錢穆、唐君毅、張丕介諸先生的逸事，具體呈現何謂「求學與作人，貴能齊頭並進，更貴能融通合一」（「新亞學規」第一條），可謂道德的身教。而新亞的成就也不只在於老師。早年的新亞學生在貧民區創辦義校，〈我最記念的一段生活經歷〉和〈這就是新亞夜校〉兩文記述香港難童義務學校及新亞夜校的義教服務，可見同學在困難中仍能關愛別人，彰顯仁愛之心，實在讓人感動。追求理想價值之餘，人還要懂得生活。「遊於藝」就是以「藝」作精神調劑。

---

2 錢穆：〈孔子誕辰紀念講詞〉，《新亞遺鐸》（台北：東大圖書公司，1989年），頁 128。

3 錢穆：〈新亞書院十年來的回顧與前瞻〉，《新亞生活雙周刊》，第二卷，第十四期，頁 2。

錢先生創立藝術系，對其憧憬是「提倡中國文化、陶冶學生性情、豐富學校生活，並向社會各階層作普遍文化宣傳諸點，有重大之助益」[4]，正是以藝術作為提升整體人民文化素養的宏大理想。錢胡美琦先生所寫〈敬悼青瑤師〉一文憶述創立藝術系時縱有種種艱辛，諸位師長仍堅持不懈，源於認定藝術在中國文化裏的陶冶性情之用，不可或缺。

儒家文化講求情理兼備，新亞校歌「艱險我奮進，困乏我多情」中的「多情」是指哪些「情」？在《新亞生活》裏的「情」可分幾層意義作理解。〈藝術系系徽的意義〉一文中，李潤桓教授解釋為甚麼以鹿的圖案作為系徽，說到：「鹿的本性是溫馴的、和平的、靈敏的、堅強的、合群的；其本身對人類有貢獻價值的。就藝術上的三大目的『真』、『善』、『美』來說，鹿完全具備了。」「情」的理想目標應具備「真、善、美」，以心維繫人與人、人與世界及人與自然的關係，沒有情感的世界，只剩虛空的表面。要懂得「新亞精神」，必須富有情感，因為人有情感才懂得尊重、愛護和珍惜。〈《人生之體驗》讀後〉和〈談新亞校歌〉兩篇文章闡發「新亞精神」皆源自內心，啟迪心靈以後自然心中明理，這是中國文化的核心要旨。讀周保松教授

4　錢穆：〈新亞書院五年發展計劃草案節錄〉，《新亞遺鐸》，頁 62。

的〈中大如何踏出下一步？〉，則可感受他對中大之「情」是「愛之深、責之切」，正因學校的發展荊棘滿途，更需要時刻保持自省的批判，正如他所說要有「這種自我批判和關懷社會的精神」，「批判和關懷」理應兩者兼備，因為出於「關懷」所以才有「批判」，這裏包含着情和理，而不只是辨別是與非。在情理之外還有情懷，在〈物是貓非 ——「悼念志文貓」〉一文中同學們表述懷念志文貓之情，感謝志文貓在大學生活的相伴日子，懷念牠的姿態、牠的可愛，也是對「情」之永記。讀小思老師（盧瑋鑾教授）的〈珍重珍重〉，令人明白到「情感，很熱切，像團火，控制得好，是燃燒自己，照亮別人；方向不對，就毀物害人。」人生到達不同境界後，對「情」可有不同之感悟。

新亞書院的歷史一般以校址分為三個時期 —— 桂林街時期、農圃道時期及沙田中文大學時期，分別代表艱苦時期、理想與衝突時期及大學體制時期。新亞的發展可說是因「地」制宜，因應不同的土壤長出不同的生態，培養出不同的學生；另一發展是在這片土壤成長的學生，當移植在外之時可有怎樣的發展，亦即「新亞精神」放諸社會上如何發揮。《新亞生活》記錄了校園生活，同時也記錄學生與外界的接觸，所選文章展現新亞和社會的關係，從中可感受到學生的悲喜交織、苦樂參半的生活，反映新亞生活與當時社會的各種面貌。

新亞創辦之時以「新亞洲」之想法致力推動中國文化於大同，[5] 早年新亞學生多是從大陸流亡到港的失學青年，之後陸續有海外僑生加入，〈南洋同學在新亞〉一文展示在一九五八、五九年之際，入讀的南洋同學由六七位增加至六十二位，可說是增幅驚人，顯示當時南洋華僑子弟對中國文化的熱愛，對書院理想的認同。招收外地學生之餘，新亞師生也常有海外之行，如老師到亞洲、歐洲、美洲等地作學術交流，同學前赴海外學習。〈遊人記得高麗行〉介紹二戰後南韓的風土人情外，更寫到在學習團裏接觸各國青年，見識到「聯合國」式的處事方法及不同民族的差異。除了遠赴海外的學習團，還有深入香港不同地區以服務社會的工作營。〈從那兒有一條路〉記述在粉嶺附近的鄉間建一條小路，方便學童上學，參與社會服務是要「令大學生知道自己是社會上的大學生，而不是在大學裏的大學生」。多年後重讀，這篇文章仍舊散發着他們的青春、熱情和精神。

　　曾看過一幀相片，那是錢穆先生走在一片荒禿的山頭上，大約是到沙田郊野考察興建大學之用地。就是這片土地發展出我們現在的香港中文大學，然後我們才有新亞水塔、圓形廣

5　錢穆：〈新亞四十周年紀念祝辭〉，《新亞生活月刊》，第十七卷，第一期，頁 1。

場、天人合一亭……，才會有〈假如沒有合一亭〉和〈不一樣的生活 —— 在新亞耕作的日子〉等文章。年輕一代要懂得「前人種樹，後人乘涼」的恩德，要作保存和傳承也非易事，《新亞生活》曾刊有「環保文學」專頁，其中黃國彬教授的〈沙田之春〉及潘銘燊教授的〈救救城門河〉寫照出沙田的舊貌，再現從前沙田海的自然生態，及至上世紀七八十年代發展時期對環境破壞的慘況；發展與破壞在現今社會已不只是環保問題，如只是直線的無盡發展，而不懂循環的恢復計劃，只會走上末路，所以我們更要珍惜這片得來不易的土地。

早年新亞生活包括師生大夥兒去新界旅行，還有系會和學會的課外學習團，而旅行節目的高潮往往是「大快朵頤」、「醫好五臟廟」的飲食環節，那時候很單純的事情已讓同學快樂半天，展現新亞是一個快樂的群體。〈學生課外活動回顧〉詳述學生團體的成立及其各自的特色，其中選擇介紹戲劇學會翻譯劇《心燄》的〈一個故事〉和〈我們選擇《心燄》這劇本的理由〉，天文學會的〈新亞天文學會望遠鏡籌製記〉講述那時半自製全港最大的天文望遠鏡，還有〈東亞運動會銅牌得主吳森雋的舞動奇跡：停不了的拉丁舞〉展現同學在國際比賽中的優異成績，可見新亞人能從「文」、「理」、「運動」中盡展所長。此外還有很多校內外的活動，這裏未能盡錄。而書院文化，諸

如〈巡迴的馬戲團〉裏講 O' Camp 的入學「儀式」，還有「上莊」的「Dem Beat」文化，這些都是很多新亞人的共同記憶。

新亞的理想是甚麼？理想會不會過時？《新亞生活》多年來一再提及，創校前賢的理想是要恢復中國文化。如何恢復？就是透過教育，以「文」、「史」、「哲」為基礎，建立人文精神，再輔以藝術、商科和科學等，以達到改善社會的目的，最終建立一個大同的世界。理想當求崇高，以仁愛之心為本，依道而行，鍥而不捨。當有人說「新亞精神已死」、「哭新亞」，那是否代表「新亞精神」之理想已不合時宜？或已遭放棄？我們要謹記「誠之者，擇善而固執之者也」（《禮記・中庸》），對於理想要「擇善固執」，同時也必須記得《論語・子罕》的「子絕四 —— 毋意、毋必，毋固、毋我」，孔子是要我們杜絕「憑空猜測、絕對肯定、拘泥固執、自以為是」。「新亞精神」源自中國文化，以知識分子的獨立精神明辨是非。我們要理解時代變化，但不應被時代價值扭曲。「新亞精神」是一套理想，長久以來儘有能領悟、有同感者，因此得以一直承傳。

不同年代對理想的價值自可有不同之理解，例如近年香港年輕人把「粵語」和「普通話」理解為身份認同及國族意識之爭，回顧六七十年代在殖民管治下爭取中文成為法定語言運動和保衛釣魚台運動同樣是為了表達身份認同及國族意識，然而

現今是抗拒，昔日是認同，是甚麼原因影響了青年的價值觀？一九六九年發表的〈香港青年應有的自覺〉一文中提到當時社會存有種種問題，當中青年問題最難解決，作者提出解決青年問題的兩點：一、改善側重考試而缺乏德育培養的教育；二、青年人多吸收知識以培養清明頭腦。七十年代的文章〈本校第九屆學生會修章研討營報告〉，記錄了中大學生會「多方面探討學生會的組織和架構」，從中可見當時的學生透過民主制度理性討論議會主權制（幹事會）及二權分立制（幹事會及監察的評議會）之選擇。這些建議都是從根本對教育、價值觀和制度作出改善，希望培養出更好的年輕一代。然而經歷了二十年的光景後，讀到九十年代的〈保釣夜話記〉及〈保衛釣魚台 濃情化不開〉兩篇文章，卻不免讓人感到青年學生對社會的關心非但沒有增加，反而愈來愈冷漠，那又是甚麼原因？七十年代的沙田中大時期，書院的教育理念不知是甚麼原因被「行政化」了，從〈書院制度有好處嗎？〉和〈現代大學生的錦囊 —— 新亞書院學規〉兩篇文章中講述書院制度的重要和學規指引學生治學修身的好處，但這些好的理念都「被消失」了！究其原因是對新亞理想知而不行。

今天「新亞精神」的理想還在，但正在消沉，其內在原因是書院文化沒落，外在原因是社會對中國文化缺乏認識。〈永

久性的觀點與暫時性的觀點〉以歷史的觀點了解事情的始末，以知識作價值判斷。〈國語就是力量〉說明國語的價值，但不是爭辯「國語」與「方言」的優劣。「子所雅言，詩、書、執禮，皆雅言也」（《論語‧述而》），「雅言」就是當時的「國語」。孔子提倡在春秋戰亂之際以「共同語言」作為化解紛爭的開始，當是因為他認為語言本是作為溝通之用，而不是為了分隔人與人的關係。這些文章提醒我們在追求理想之時，更要明辨道理。

《內在的自由》以「人」、「情」、「地」、「理」四個範疇選取《新亞生活》中的各樣文章，當然難免掛一漏萬，但我們的用意是盡力在《新亞生活》的具體事例中了解「新亞精神」的價值，不足之處還請師友讀者多作指教。《內在的自由》反映新亞書院的生活，從生活中發現生活意義，生活意義化作生命價值，價值表現時代的精神面貌，「新亞精神」驗證那些歷久不衰的價值。雖然有些價值漸被遺忘，但新亞人更應澄明自我，讓精神永存。

本書能成書出版，首先要衷心感謝歷年於《新亞生活》貢獻文章的各位老師、學者、前賢及同學；也要感謝黃乃正院長的帶領，本書編輯委員會各成員的鼎力協助，樊善標教授主持編輯小組，其中張冠雄先生和蔡玄暉博士分擔編、選、寫的工作，盧達生先生和陸國燊博士給予寶貴意見，前執行編輯梁嘉

儀女士、現任執行編輯洪振邦先生和項目助理黃卓謙先生的悉心籌劃、整理及校對。此外，還要感謝商務印書館總編輯毛永波先生和本書責任編輯張宇程先生的全力支持，以及負責編排、校對、設計及印刷團隊全人的協作努力，本書方得以順利出版。

寫於二〇一九年八月二十九日

第三部分　地 —— 在校園內外、本地海外的新亞人

第四部分　理──新亞人的學問、事業與理想

新亞育人與人文精神

導讀

　　七十年，我們翻閱歷史，看新亞先賢如何在桂林街蹣跚起步，幾經坎坷，終至壯大。一個小小的書院，從四十多人，發展成為亞洲著名學府的著名書院，靠的是一代又一代新亞人的努力。〈貧民區裏的大師〉一文，沿着大師們的足跡，講述了新亞成立前後的掌故，有趣之餘亦令人不時撫掌喟歎。〈三個性格〉、〈師長素描〉、〈敬悼青瑤師〉三篇文章則從不同角度描繪了創校師長的面貌，雖各有異，但從中亦可窺探到其共同的為師之心。《新亞生活》發刊詞〉、〈新亞書院十年來的回顧與前瞻〉二文則從管理者的角度，呼籲新亞人要團結，要發揚「新亞精神」，正所謂創業容易守業難，先賢們高瞻遠矚，諄諄教誨，我輩更應時刻警醒。從來精神要能長存，需要有繼承者。〈我最記念的一段生活經歷〉和〈這就是新亞夜校〉兩文則讓我們看到新亞學生在求學之餘投身義教工作，身體力行踐行新亞「艱險奮進、困乏多情」之精神。恰是這樣的新亞學生，讓新亞得以發揚光大。

　　因此，到底甚麼才是「自由」？是行雲流水，無拘無束才是自由嗎？在這些選篇裏面，我們看不到這種汪洋恣肆的自由，看到的更多是自我約束，是「內在的自由」。新亞創立於時局動盪國運未明時，創校初期，無論是師長，還是學生，甚或學生的學生，都有強烈的家國情懷，這是束縛住自由的沉重框架。但內在他們又是自由的，能夠心無旁騖全力以赴讓民族文化在此間留存綻放。

　　錢穆先生晚年留給我們的話：「你們是中國人，永遠不要忘記中國。」新亞人是有大格局的。這大格局，就是立足香港，放眼中外，溝通中西。

《新亞生活》發刊詞

錢　穆

任何一個團體，要希望它有前途，首先該為它創造一個心。這是個團體心，我們又稱之為團體精神。

如要創造此一個團體心，便得這團體中每一分子，各自把他們的心貢獻出一部分給那團體，各自對此團體由關切，而了解，而愛護，真把他自己個人交出成為此團體之一分子，也把那團體認為是他自己生活和事業中之一部分。如此，由於那團體中各分子之心之交流，心之互映，纔會真有一個團體心，逐步呈露。待到此一個團體心真實呈露而成為客體化了，那一團體，纔始是正式成立，纔始有它的前途希望。

新亞書院創辦迄今，已近九足年，快將踏入它第十個年頭了。我們常喊「新亞精神」，但我們若真要一個「新亞精神」，便得先為新亞創造一個心。那是一個「新亞心」，要在我們新亞每一分子的心裏來創造。有了「新亞心」，纔能有「新亞生活」；但我們也可以從新亞生活中來鍛鍊出新亞之心來。

我們這一份《新亞生活雙週刊》，便想把新亞生活之各部門，各方面，盡量彙集披露出來。這是我們新亞現實的一面鏡子，各人照着這面鏡子，可以認識我們的新亞來。這是我們新亞將來的一部歷史，這份雙週刊，繼續着三年五年，八年十年；將來要了解新亞如何生長，如何成熟，如何發展，以及新亞生活中究竟包藏了些甚麼，所謂「新亞精神」究竟具體表現了些甚麼，便要憑這份刊物來察看，來推尋。

　　我願乘此刊物創始，來祝賀我們新亞之前途。讓我們新亞這一團體中之各分子，各自貢獻出他一分心力來共同創造「新亞心」。讓我們新亞這一團體中之各分子，各自交出他一部分生活，來共同發皇充實新亞的生活。讓這一份刊物來時時考驗我們和督促我們，向此目標而前進。

　　原載於《新亞生活雙周刊》第一卷第一期，一九五八年五月五日

新亞書院十年來的回顧與前瞻
—— 第二十六次月會

錢校長講　王兆麟記

　　諸位先生、同學：今天我在此月會講話後，不久即要暫離學校，恐怕要在十個月後，方能再和諸位見面。前幾天同學們舉行除夕聯歡晚會，並歡送我。當時我曾講過一番話，不過有一部分同學沒來，未曾聽到，所以我現藉此月會再講一次。我今天的講題是：「新亞書院十年來的回顧與前瞻。」

　　前天研究所同學們約我同赴新界旅行，有幾位桂林街時期的老同學，與我談到過去新亞的情形，引起了我今天作這番講話的動機。

　　新亞書院十年來的發展，可分為三階段來講：開始在桂林街，可說是學校最艱難困苦的時期。一個月前，我和唐君毅先生陪着雅禮協會攝電影人員，去桂林街校舍；街道房屋依然如昔：教室又小、又低、又黑、又髒。我們已習慣了現居校舍，再回那邊，不禁令人緬想過去，感慨良深。我想起在桂

林街舉行第一次開學典禮時，先生同學們侷處一室的情形；直到現在，我還記得很清楚。那時同學人數從未超過一百名，校舍極不像樣；然而師生們卻有一光明的遠景，無限的希望，並有一種無所畏懼、奮鬥向前的精神。此外甚麼都不想，也是甚麼都沒有。那時我們常講：「新亞是一個大家庭」，「師生合作」等話，事實上亦確是如此。師生們朝夕相見，每一先生皆熟知每一同學的姓名、狀況，彼此間極其親切。而每一同學的心目中，亦都將新亞的理想前途，作為自己的理想前途。此種精神，今日想來，極值得回念。那時我們的希望很簡單，只想何時才有自己的一所校舍，地方可大一點，同學可多一點，以為如此便足。此一想法亦可說甚空洞而幼稚，可是此一空洞、幼稚的理想，實具有無限價值，極可留戀。此一時期至少有四年之久。

後來學校與雅禮合作，又得亞洲基金會、哈佛燕京社幫助。開始自桂林街時期，進入建有今日之新校舍時期。此時之發展，突飛猛進。理想與希望在具體實現中，遇到了新刺激而至一新階段。但亦可說：此段時期比較前四年更艱難，當時我們學校遭遇到種種危機。因在此時，學校面臨着開創以來的最大變動，亦可說是翻了一個身，在大變動中必有種種危機潛伏着。猶如諸位離開家庭進入學校讀書，由小學、中學而大學，

這是一步步的；一旦畢業後，進入社會，正式是一個人了，此中變動極大，下一步如何？不但是你的家庭和學校，甚至你本人亦都不知。現在我們幸而跨過了重重危機，諸位或只見學校在一步步地向前，而不知其經過實況，今天我特地提出來講一講。

自桂林街至農圃道，此一時期，簡言之：是理想與事實發生了衝突。從前只有一簡單空洞的理想，當此一空洞的理想逐步進入事實時，就不簡單了。猶如諸位現時在校讀書，對職業、婚姻等問題皆有一理想，及至面臨事實，將發現無法與原來理想完全切合。本校在初期數年亦是只有一理想，及至此時，理想與事實相夾雜。如雅禮幫助新亞，雅禮亦自有其理想，且與我們的理想有些處並不一致。任何兩套理想，要融成為一套後，方能美滿。不止雅禮如此，即如亞洲基金會、哈佛燕京社等，凡屬援助我們的，皆亦各有其理想。新亞最可寶貴之處，則為自己有一套理想，並始終堅持此一理想，來迎接外面種種的事變。

新亞自接獲外界幫助後，教授同學日增，各系擴展，內部日趨複雜。在此情形下，將來究如何？我們並不知，且亦無把握。例如當初辦研究所，即曾經過一長時期之辯論：如要不要辦，如何辦法等。其他學系的增設等亦均如此。從前學校猶

如一大家庭，在桂林街時，我下課以後，可與任何一位同學接談。現在我不但不知同學們之姓名，甚至不敢確認某一同學是否為新亞學生。今日我們學校已不再似一大家庭。同學之間，因此亦有了各種不同意見。已畢業同學和新進學校的同學，各自有一套想法。我記得在一九五六年夏，借協恩女中禮堂舉行大學部第五屆畢業典禮時，曾說：希望同學們對學校要多愛護，不要多批評。即使有批評，亦應自愛護學校之本原上出發。但那時事實上批評漸漸超過了愛護。並且各方面意見不同，好像只聽見一片批評。儘管說是愛護學校，總是對學校之不滿，此乃危機之一。

在教授方面，亦有了新舊之分。比如一個大家庭分了家，各系同學僅與本系教授保有親切關係，如此逐漸有系與系間之界限。例如以前學校全體師生，每年至少旅行兩次。我個人也從沒有一次不參加。到後來同學多了，無法聯合在一起，各系皆單獨舉辦，以致我每有無所適從之感。在去年，我們曾有一次全校師生旅行，然而一至目的地，各系仍自分開。實際上，亦無法不分。又如最近這次除夕晚會之攤位遊戲，亦是各系自為一單位，其勢如斯，不得不爾。不過此一情形，仍自過去之大家庭精神蛻變而來。

另一方面：新舊同學間亦顯有隔閡。例如在過去每逢過

舊曆新年時，同學們多至先生家中拜年。現在新同學日多，不可能仍保舊風。在此等處，新舊同學間也會互有批評。此因學校當發展時期，我們並不知下面將如何變。空洞的理想變複雜了，於是師生們的精神自會稍嫌渙散，那時我曾再三要求大家：對學校要多愛護而少批評。我總覺得當時學校相當危險，潛伏有種種離析之可能性。

新校舍建成後，我曾講過，經過了一段發展，應能有一段安定的時期，上次除夕晚會中，我又告訴諸位，我們希望能穩定一時期。第一步站穩了，再開始第二步，不可跳躍前進。那第二段時期約有三年，此三年中實是相當艱險。因此第一個四年是困難期，第二個三年是艱險期，最近的三年幸而日趨穩定，危險期幸已渡過。雅禮與新亞之合作也已日趨融洽，此外援助我們的，如亞洲基金會，或哈佛燕京社等亦都有此情形。雙方關係之增進應是自然而然的，不能勉強，求其一步登天。現在已是危險期後走上了一穩定期，能穩定了，然後再求擴展，是較省力的。

我現在勉強將新亞十年來之發展，分成為三個時期：

一、生長時期：亦即創始期。在此期內，新亞一日一日長大，漸得各方面看重和幫助。

二、轉變時期：亦即發展期。此時有了自己校舍，日趨發

展。猶如植物之開花期，開花期也是一危險期，人在得意時亦
每易有危機。

三、成熟時期：成為今日之新亞，漸已定型。

但若將過去十年合起來看，仍應只算是一開創期；下一十
年將是危險期，而再下一十年方可預想為新亞之穩固期。

每一件事在開始時總覺空洞幼稚，但此時期卻最可寶貴。
例如研究所創始，固然令人時刻擔心，然總是在日日長大中，
但今天的研究所能否再如開始時之日見長大呢？又如藝術系在
創辦時是勇往前進的，但到現在也會覺到漸漸與各系無甚差異
了。因此我們的事業在日益穩固後，應自加倍警惕，一如逆水
行舟，若停留在目前階段，認為滿意，則必然會退步。

我們的校歌「手空空、無一物」的情形現已漸成過去，新
亞在物質上已有了些基礎。然而前面正是「路遙遙、無止境」
的階段了，我首先要求諸位都要自我警惕，不要停留退步，要
勿忘最先所有理想，日日向前。其次，明年我們的學校或許又
可能到一轉變期，面臨許多新的困難。我們在形式上雖不能再
與桂林街時代相似，但總要保留新亞大家庭之原來精神，要師
生合作。再一點：我希望諸位同學對學校要愛護多於批評。
若批評過多，則將成為對學校的不滿，此是一危機。今日同學
們似仍有兩大缺點：一是對學校之不關切。二是無生氣，不活

躍，不往前。

十年來我們只可說是建立了一個新亞書院，明年起新亞將面臨另一時期。我這次赴美將要在十個月後纔回來，此十個月內之變化定必很大。我希望諸位能和衷共濟，努力向前；學校一切均能照常，並且蒸蒸日上。

中國經學家講公羊春秋的說有三世：一是撥亂世，二是升平世，三是太平世。新亞在香港十年而能有今日，這是撥亂世。開創難，守成更不易。撥亂世比較簡單，因只要衝開一條路，其後慢慢向前，卻更難。以後十年的新亞希望是一升平世，逐步穩定發展。至於太平世，其實永遠只是一理想，或許永遠不能真有此一世。對於新亞來說，也該是路遙遙、無止境，永無太平世。我們只能把太平世的理想即安放在撥亂世與升平世的過程中。今後十年，我們又會有一個新時期，大家要小心翼翼向前發展。我在此臨別前，謹祝福諸位能同心協力，將此一事業向一更理想之境界邁進。

原載於《新亞生活雙周刊》第二卷第十四期，一九六〇年一月十八日

三個性格

元　風

在新亞的三年中比較常與我接觸，留給我最深刻的印象，而又直接影響着我的品性的老師，要算是錢穆、唐君毅和張丕介三位先生了。

錢先生是個身材短小的人，但卻顯得十分結實。紅紅的臉龐，帶着兩顆永遠精神煥發的眼睛。他的儀態使人感到和靄可親，卻又感到肅然起敬。他是一個最富人生情趣的人，常常和同學在一塊兒談天，即使是青年的愛情問題，他也可以和我們談出勁兒來。然而，當提起當前民族的憂難，人類底危機時，他的表情，便馬上呈現出內心的沉重。

錢先生在講學的時候，全神貫注，有聲有色。如講莊子〈逍遙遊〉「鵬之徒於南冥也，水擊三千里，搏扶搖而上者九萬里，去以六月息者」一節時，他所表現的姿勢與神情，直是大鵬逍遙於空際之氣象，扮演之貼切逼真，使人的心緒也隨之而神遊，這也許是錢先生和莊子的生命早已貫通的原故吧。

在登山旅行中，錢先生常常是健步如飛的跑在前頭的，有一次，他還換上游泳褲和我們一同下水。至於他每天早晨打太極拳的習慣，我們一班小伙子也就只好自愧不如了。

唐先生是個中西合璧的哲人，有寬厚的性格和勤慎的學術態度。他最喜歡講人文主義精神。樣子看來是沉潛的，但當和他談話或講學時，卻是滔滔不絕，我想再沒有一件事更能引起他的勁兒的了。

同學閒時常拿唐先生若干心不在焉的故事來作談天的笑料。的確，他實在像一個小孩子，真率的使人嗅不到一些世故氣。一次，他去探訪一位姓熊的朋友，應門人問他姓甚麼？他就說姓熊。又一次，當他洗完腳要把新襪換上時，卻把那對剛脫下來的舊襪穿上，反而把那對新襪掉到水裏去了。這也許是因為他又在作哲學的思維罷。

然而，唐先生和錢先生一樣，他們雖然都很溫和，但在內心同樣都具有一個剛直的分寸，無論是甚麼強力都不能使它屈服半點。

張先生算是一個最剛直的人了，性子有時顯得有點急燥，無論那一位，只要您的行為是不對的，他都會嚴詞厲色的對待您，我想三位老師中再沒有比他更重法治的了。他有堅毅的幹事精神，更長於科學的條理，談話或講學時，扼要明白。他這

種性格，一方面固基於山東人率直的傳統，而他的留學德國，我想也是影響他那坦率、嚴謹、認真的性格的原因。

不過，嚴厲的態度是在工作或執法時才表現的。平時，他很喜歡和同學接近，隨便談笑。還記得，在亞洲文商學院時期，我們到青山去旅行，張先生是第一個領導下水的，而在兩次的聯歡晚會中，他又手舞足蹈地表演着德國的歌劇。實在，他是最欣賞德國歌劇的。

我們同學的活動，常常都得到他的鼓勵和指導。在我們同學所舉辦的第一次講演會中，同學來聽的只寥寥幾位，當時我們的確有點意冷，可是，由於張先生的鼓勵，我們便有勇氣堅持下去了。

原載於《新亞校刊》創刊號，一九五二年六月

師長素描

沁慈

「小王，你已經考取了，很好很好，恭喜你，我代表所有的同學向你說一聲『歡迎』。怎麼？你的功課也選妥了，讓我看看，究竟選了些甚麼？啊！一共二十二個學分，已經很夠了，有院長的，唐君毅先生的，張丕介先生的，梁寒操先生的，曾克耑先生的，還有這幾位先生的，他們的課我沒有上過。」

「哦！你想要我講給你聽聽這些先生究竟是怎麼樣的人，當然可以，不過讓我們先到四樓去吧！第四教室外面的平台上，現在準沒人，我可以和你坐着聊上半天。嗳，別客氣你先上吧！」

「好啦，你就坐那吧，我再拉一個椅子出來。我說小王呀！你這些課可真沒選錯。錢院長的中國通史，簡直會把你的耳油都聽出來，你真要奇怪他怎麼裝了一肚子的歷史。不過，我先給你一個忠告，上院長的課，可千萬別坐在第一排，因為他講書時喜歡在講台上踱來踱去，你的視線被吸在他的臉上，

於是你的身子可就跟着他的走動而轉個不停，這樣呵！一個點鐘聽下來，你就會突然發覺到脖子又酸又累，我可是有這個經驗的。」

「怎麼？你以為錢先生很兇，那可不對，只要你規規矩矩的，他絕不會發脾氣。冬天，他總是愛穿一件舊的長棉袍，架着近視眼鏡，紅潤的臉上常露着慈祥的笑，使人對他有一種親切感，講話帶着江蘇音，不過，你不用着急，因為不久你就會聽慣的。」

「唐先生是教哲學的，唐先生那般用功勁呀！簡直使我們看了慚愧，他真是一分鐘都不肯浪費，一有空就看書，唐先生看起書來呀，你最好別同他說話，倒不是怕他不高興，而是他根本就不會聽見你究竟說些甚麼。還有，假若你看見他衣扣子沒扣或鞋帶子沒綁，可別笑他，這簡直是司空見慣的事，不過話又說回來，唐先生上起課來那可一點都不含糊，他常常喜歡提出一些問題和同學討論，每一個人都可以發表意見，那時候你可千萬別害怕，想到甚麼就說甚麼，和他的意見不同也無所謂，你們還可以辯上一番。」

「唐先生好像無論甚麼時候都在想他的哲學問題似的，你不相信？那麼以後你仔細看看好了，無論旅行，開晚會……他總喜歡自己一個坐着，低着頭，拿着煙，眉毛時皺時展，口中

念念有詞，你說你覺得他很好笑，我們倒覺得他很天真，天真的好像個小孩子，同學們都很敬愛他。」

「張先生是教經濟的，雖然是留德的，可是卻有着英國士君子的派頭，有時候很幽默，不過當他惹得同學哈哈大笑的時候，他自己卻只淡淡的彎一彎嘴角。張先生講起書來有條有理，記筆記比較省力，那一手黑板字寫得可真漂亮，有一次小趙說：『張先生寫字就好像捏一團麵似的，想捏成甚麼樣就是甚麼樣。』這比喻倒不錯，不過，老實告訴你，說出來你可別笑，我第一學期來的時候最怕張先生了，上起課來，連身子都不敢隨便轉動，後來我才發覺他並不如我想像中那麼厲害，課外見到時，他常會拿下正銜在嘴裏的煙斗，和藹爽直的笑笑，和你談幾句話。」

「再和你談談梁寒操先生吧，這名字對你大概不會太生的，梁先生教過我中文各體文習作，每星期交一篇作文，有時候是敍述，有時候是抒情，有時候是理論，有時……噯呀，算了，我懶得說這麼多，總之普通各種體裁全要練習着作，他還要我們在課外多看，多寫，多改，不能臨時抱佛腳，隨隨便便交一篇敷衍塞責。梁先生最重學生紀律，上課時他那神光奕奕的眼睛四下一掃，你就會不由自主的把精神全貫注到他身上去了。他是廣東人，但卻和我們說國語，你問他說得好不好？那

可說不上，不過，講良心話，廣東人能說得像他那樣，也就很難得了。他有時還在黑板上寫草字叫我們認，這對我們可是一難題，有時候瞎猜，猜到十萬八千里以外去，簡直笑死人。」

「曾先生的草字也寫得很好，他教國文時，常講些有關課文的有趣的故事，把我們都給聽呆了。曾先生很胖，夏天講書時看見他那種又熱又累的樣子，我總覺得再不用心聽簡直是罪過。有一次我們開晚會，他用福建話唱了一首李白清平調，可惜我們聽不懂，有點像對牛彈琴，不過那聲韻卻真是好聽，也別有風趣……！已經打吃飯鈴了，怎麼這樣快？今天我們這一桌恰好有一位同學不回來吃飯，你乾脆和我們一同吃好了。你這人怎麼這樣姑娘氣，扭扭捏捏的幹甚麼？走吧，他們一定歡迎你的。對啦，這樣才像話，吃完飯，我們一塊兒去買書。」

原載於《新亞校刊》第二期，一九五三年三月

敬悼青瑤師

胡美琦

前日收到香港寄來的一份《大成》雜誌，駭然讀到范甲君「敬悼顧青瑤老師」一文，方知顧青瑤師已於今年五月一日在加拿大辭世，哀痛之情難以言敍。我習畫曾先後從顧青瑤、金勤伯兩師遊，而顧師為我啟蒙之師，而且我之決意習畫，當時全由青瑤師之特加眷顧。我從青瑤師習畫先後兩次，為時均不長，但青瑤師給我之印象則甚深。至今回憶此一段師生之緣，往事歷歷如在目前，亦作敬悼一文，稍抒余意。

要敍述我與青瑤師之結緣，不得不從新亞書院創辦藝術系說起。藝術系在新亞屬後創，賓四始創新亞，旨在發揚中國固有文化，他認為藝術是中國文化中不可或缺的一大項，惟因新亞初期過於窮困無力提倡。他常說他想辦藝術系的理想並不專在造就專業的藝術家，更求為培養全學校之情趣，希望他們都能領略到一些中國藝術對人生之情味，則對每人品格陶冶上可有莫大之功用。他又常提起新亞初創時，經人介紹認識當

時流亡香港之崑曲名家俞振飛，曾有意延攬來新亞倡導崑曲。他常說那時新亞只要每月能籌出兩百元港幣，就可能暫時把俞振飛留住，但俞振飛終於因生活問題而不得不返回大陸。每次提起，賓四總有不勝惋惜之情。以後新亞得到美國雅禮協會補助，不久有了九龍農圃道自建之校舍，藝術系的創辦即在此後。

當時新亞經濟狀況已較前稍寬裕，但賓四要創辦藝術系仍遭到學校內部同事的反對。因當時雅禮協會補助新亞的經費一年一筆整數，如成立新系，勢必要緊縮其他方面之開支，牽動全局。賓四決心用創辦新亞時兩手空空的精神來創辦藝術系。他內心決定後，逢開董事會，會議將結束，他發言說：我今日有一報告，並非議案，不需表決。他於是述說要創辦藝術系的計劃。他說只要學校借出幾間教室供使用，其他可不費分文，盡由他來負責。董事會一時無異議。直到此後藝術系正式成立，賓四當時「只是報告不是提案」這八個字，仍為董事會中幾位董事屢向賓四提起，以表稱讚。

事隔二十年，至今我仍清晰記得，賓四第一次約預定藝術系主任陳士文先生來家，商談籌劃創辦藝術系的情景。士文先生來時，不巧賓四染病在牀，高燒後全身無力，不能起身，說話有氣無力。那時我們住在九龍鑽石山難民區，睡房很小，放一雙人牀，一梳粧台，兩隻衣箱外，少有迴旋之餘地。我放

一小凳在牀前,請客坐。賓四起初說話上氣不接下氣,後來越說越有精神,霍然坐起。我記得他再三對士文先生說,辦藝術系只能像新亞初創時般赤手空拳做起。要牢記,需靠藝術系師生自己的努力來爭取外界的支持。當時新亞專任教授薪水及房租津貼按月合共可得一千元。藝術系只主任一人專任,薪水暫定三百元,其他先生一律只支鐘點費,似乎鐘點費亦與其他各系有差別。此因藝術系經費必需自給自足,全部支出由正式學生學費,並於暑假中開暑期繪畫班所得學費一併負擔。視收入狀況每年酌量調整。士文先生曾留學法國,擅長西畫。賓四提出他心中多年來早定要聘請之兩位國畫先生,一位是吳子深先生,一位即是顧師青瑤。賓四當時說,藝術系無經費,他將效法武訓辦學精神,親自登門,以誠心懇請,務盼聘到兩位先生,為新亞藝術系增光。

賓四與子深先生早就相識,與青瑤師則本不相識,僅於數年前在一友人處,偶見青瑤師所繪一山水橫幅,上有其自題之詩句,賓四對其詩書畫都大為欣賞不已。由主人處又得知此山水畫上之印章為青瑤師自刻,並備詳其家學淵源,知自其曾祖數代書畫傳家,其祖若波先生尤負盛名。家居蘇州,建有「怡園」,為當時文人藝士聚會之所。賓四早年熟聞若波先生之名,並曾數遊「怡園」,遂對青瑤師留有深刻印象。

賓四偕士文先生登門聘請吳子深先生，吳先生認為藝術系既要敦聘他，而主任一職已屬他人，意大不懌，遂堅拒。我還記得那夜賓四自吳家歸來，神情沮喪，輾轉難眠，以為藝術系失此一良師大為可惜，隨又往聘青瑤師。

青瑤師當時在香港北角租賃一室獨居，在家開門授徒，也出門赴學生家教授。顧師體素弱，不能獨立出門，外出授課向由學生家負責派車接送。青瑤師弟子大多為閨秀，其中頗有富商巨室之夫人小姐。賓四初次登門敦聘，與青瑤師一見意氣相投，惟顧師以體況欠佳並授課時間早經排定婉拒。因又告賓四。倘夫人願來習畫，我必盡力教導。賓四必期其能到新亞任教，遂即滿口答應，但告以內人即將出國，需一年始返，仍望先生先來學校授課，時間全憑指定，青瑤師允明年再考慮。賓四歸家告我，我自知無藝術天分，從來無意習畫，頗怪賓四輕率決定，然念為時尚早，未以為意。

我於民國四十七年一月赴美，進修一年後，於四十八年二月返港。其時青瑤師已在新亞任課，知我返港，又向賓四舊事重提，願收我為弟子。賓四遂極力鼓勵我前往受業。不久，由他陪我登門謁師，遂開始我一段學畫生涯。

初謁青瑤師在其北角寓所，室不寬大，內無裝飾，一大畫桌佔地最廣。此外一牀一櫃，四周堆置書籍畫冊紙張。其後青

瑤師在香港半山區西摩道自購一公寓住宅，與子媳及兩孫同居。入其宅，室內質樸如前居。青瑤師居室為最裏一間，有大窗面海，可供遠眺，大畫桌即臨窗而放，此當為顧師平居最愜心快意之處。青瑤師患有多年失眠症，每夜必過兩三點方能入眠，遇心中有事常終夜不寐。因此習慣夜間看書，早起遲。我上課時間在上午，每至師處，顧師常剛起牀。早餐時，我常陪坐其旁，顧師喜邊吃邊談，所言多屬其平素所知之畫壇軼事，及其年少習畫時種種瑣事，猶記顧師曾告我，年七歲，其祖父若波先生命其習畫，因身材矮小不能坐下畫，乃立於桌前畫。惜乎我隨聽隨忘，未能一一牢記。一日，另有一同門在座，談及某友做壽事，遂詢及青瑤師年歲，青瑤師答以早將自己年齡忘了。此後我又曾俟機相詢，每次青瑤師以同一語相答，其淡泊人事又如此。我直到今日讀范君悼文，始得知青瑤師之年歲。

我初次從青瑤師習畫僅五月，即不得不停止。因為賓四將赴美耶魯大學講學，我亦同往，預計在國外將有一年之逗留，行前需將香港之家整個作一結束，未有餘暇作畫。返港後，賓四選定九龍鄉郊沙田半山區居家，往返市區非常不便，遂久未去顧師處習畫。第二次去青瑤師處習畫時，她已遷入香港半山區西摩道。我每星期上課需徒步下山至火車站，乘火車進城，轉搭輪船渡海，上岸再乘公共車或計程車上山，來去頗為費時。又

因後來新亞校務煩雜，賓四患高血壓，我習駕車後，一切作息時間皆視他需要為主，因此我從青瑤師第二次習畫為時僅及一年，又不得不暫時停止。惟定期上課雖停，我與顧師一直保有聯繫，時趨其府受教，直到民國五十六年我們遷居台北。此後我亦曾數度返港，每次抵港，亦必拜謁青瑤師。最後一次在港見面時，青瑤師一家正準備移居加拿大。我生性懶於寫信，從此少聯繫。

青瑤師之大弟子榮卓亞女士，乃是港商李冀曜先生之夫人，自備有車，與青瑤師同在新亞任課，每次陪同青瑤師來去。我與卓亞女士因此往來亦甚稔，見其作品，皆甚精美。卓亞女士與青瑤師年齡相差不大，恐不到五六年，但其執弟子禮甚恭。其視我如同學，我則以前輩視之（原編者按：李夫人先顧老師逝世數年）。青瑤師又曾先後介紹張碧寒、蕭立聲兩先生來藝術系任教，張、蕭兩先生在新亞授課時期皆甚長。碧寒先生乃上海世家子，幼喜書畫，曾從名師遊，家富收藏，我們夫婦多次被邀至其府賞畫。立聲先生則以繪人物名。

我從青瑤師習畫為時雖不久，但青瑤師對我影響甚深且巨，至今我稍能懂得些許對中國書畫之欣賞與喜愛，實由青瑤師當日之啟蒙及誘導。記得我從青瑤師習畫，青瑤師命我應多讀畫。於是由青瑤師之介紹，認識香港太古洋行黃寶熙先生。寶熙先生之夫人（原編者按：黃寶熙夫人丁漱清女士不幸數月

前在港病逝）與公子仲方皆從青瑤師習畫有年，尤以仲方弟年幼聰慧秉性敦厚，極為顧師所寶愛，黃氏一家與青瑤師情誼彌篤。寶熙先生富收藏，喜鑑賞，邀我夫婦至其府觀畫。在其家，一面觀畫，一面聆聽青瑤師與其議論，甚長我見識。我們夫婦曾多次被邀請，每次均有青瑤師在座。寶熙先生又曾與數友好結社定期展覽，各出若干珍藏供欣賞，並不對社會公開，但青瑤師從不忘通知我前往。碧寒先生亦為一名畫家，又精於鑑賞，知我初習畫，每次在其府觀畫，他所談論多從畫家之佈局，用筆着意處為言，如同給我上課，使我受益不淺。

　　民國五十二年冬，美國密契根大學與華盛頓福瑞爾博物館聯合拍取故宮全部書畫珍藏照片。此事真是當時世界藝術界一件盛事，因故宮所藏兩宋時期繪畫珍品舉世聞名，但從未公開於世。他們特聘請王季遷先生為顧問。其時，季遷先生自美來港，亦在新亞藝術系任教。青瑤師得知此消息後，一再鼓勵我應把握機會隨季遷先生赴台參觀。當時故宮尚在台中霧峯鄉下，我來台寄居台中一親戚家，每晨搭車去霧峯看拍照，下午返台中，如同去辦公。在台中停留近兩月，雖未看完整個過程，但兩宋元明之部已見十之八九。尤以其時在霧峯同觀畫者，除我之外，皆為專家，有來自美國專門研究中國畫的博物館負責人及各大學教授與研究生們多位，有台灣的畫家學者。他們一面觀看，

一面討論，這段時期確實使我對中國畫的認識邁進一大步。青瑤師又曾命我應多與季遷先生聯繫，因其為居美大收藏家，來港喜與香港書畫古董收藏商往來，可以看到許多別人不易見到的私人收藏，我因此追隨季遷先生亦曾看過港九間多家收藏。至今回憶，我所以能培養出對繪畫的興趣，實全賴青瑤師當年之教導與督促，如今青瑤師已仙逝，回憶往昔，曷勝愴然！

　　青瑤師居港後因體弱，作畫不多，但即其教課時之隨意數筆，亦皆清雅有致。我所見其作品不多，然每見一幅，不論大小，不論山水翎毛花卉或人物，都能使我悠然神往，觀賞久久，愛不忍離。我夫婦遷居台灣時，青瑤師以我喜畫梅，特檢出其舊藏梅花譜兩大冊相贈，以為紀念。又特繪兩小橫幅相贈，一山水，一花鳥，至今懸於畫室，常相晤對。每對青瑤師之畫，總感有一股清逸之氣自畫中透出，而又覺其筆法剛勁有力，富男性氣息，更為難得。青瑤師素喜倪雲林畫，猶記我習畫僅三月，即命我開始臨摹倪雲林山水。她常喜用「不食人間煙火」一語來讚賞倪畫之清雅。每讀青瑤師畫，我常不禁想到此語，亦常生此感，心中只覺一片安詳寧靜。

　　青瑤師體格矮小，瘦骨嶙峋，初見面給人有弱不經風之感。相交久，則知她實是一位個性堅毅獨立性極強的女性。我曾聽顧師自道，甚為年輕時，即需獨立奉老母撫稚子。又曾

言，自幼習畫雖淵源於家學，但詩書畫刻四樣全能，卻是自己不服輸的個性奮鬥得來的。五六十年前，在中國社會，一個年輕女性出外自謀生活大非易事。我常對賓四說，青瑤師自有一股豪傑之氣，惟相知不久，則難以體會到。

新亞藝術系創於艱困中，以後能得到香港社會的看重，以及國際學術界的承認，不能不歸功於早期藝術系諸位先生的努力。他們當時只支領極有限的鐘點費，課後常為學生改習作，不計名利，都曾對新亞藝術系的創建有過貢獻。

我於民國四十五年春于歸賓四，至五十四年，賓四辭去新亞院長一職，前後整十年，我獨與新亞藝術系諸先生往來最多，過從最密，而尤以青瑤師之人品高卓，造詣精純，觀其所志，應可與古人相伯仲，尤其使我畢生難忘。即藝術系諸先生，對青瑤師亦群加推敬，無異辭。我近兩年來忙於寫《中國教育史》一書，畫筆久已擱置。今驟聞青瑤師仙逝，萬感叢集，真不知如何下筆，稍吐我寸心敬悼之萬一；但亦終不能不一吐，遂草此文，聊抒我鬱。

民國六十七年八月二十二日

寫於外雙溪素書樓

原載於《新亞生活月刊》第六卷第七期，一九七九年三月

貧民區裏的大師

蔡宗達

貧民區，大師，兩者邂逅在歷史的拐角。

一九四九年年初，國學大師錢穆、唐君毅等先生從大陸南下香港，在這個海邊孤島的貧民區，高傲地鑄造一個華美的國學殿堂。

五十多年後，我一路沿着大師們的足跡追蹤，經過和邂逅了許多前人和後者的感觸、深思，最終抵達的卻是一個因時代變幻而斑駁殘缺的故事，一個面臨拆除的骯髒的舊址。

故事前半闋，浪漫而壯麗，故事後半闋，蕭索而殘酷。

為甚麼華美的章節常滋長於苦難的拐角，難道正如奈保爾所說，惟有苦難才能讓民族的文化最瑰麗地綻放。然而綻放於此的瑰麗，我們又要如何存放？

關於這個遺址的命運，香港政府和新亞書院的校友還在尷尬地討論，是該全部拆除，還是讓它繼續尷尬於貧民區中？

或許，最合適埋葬這個故事的處所，正是記憶，只是，如此輕浮的世代，如此躁動的我們，能否恪守得住這些記憶？

門

我卻突然不想進入了，雖然那孩子慷慨得可以。

站在門口，迎面而來是臭襪子發出的酸味，還有黏稠的油煙味。四面的牆壁，斑斑點點，發着油光，像是老人的壽斑。

「你怎麼不進了？」他用蹩腳的普通話問我：「難得我媽媽不在。」那孩子告訴我，有許多人來這裏探訪過，其中有些是老先生，那些先生有的還沒進來眼眶就濕潤了，有的邊走邊摩挲着牆壁、欄杆，「但他們都被我媽媽趕走了，我媽媽交待過我，別讓他們進」。

「為甚麼呢？」「我媽說，煩得很，不就住過甚麼破先生嗎？」

不就住過甚麼破先生嗎 —— 這就是歷史最後殘留的部分。

我一開始也是被拒絕的，只是我隨手拿了瓶飲料給他，和他攀談了幾句，我問他，怎麼不去上學了，他說不想上學，我問他家裏還有誰？他回答得有點牛頭不對馬嘴，「我家很窮，住這裏的人都很窮，你看，現在的房間都被隔成一間間了，我們香港把這種房間叫『鳥籠』。」孩子顯得有些老成的感傷，然後，突然說，進來吧。

來之前我讀過材料，他家瓜分的區域，正有一部分是先生

們的宿舍。新亞書院一九五〇年遷徙到這裏，總共用了三樓和四樓共六個單位，四樓上課用，也就一百多平方米，用活動板間隔成四個教室，每當週末講座或者活動，就把板拿掉，成了一個大教室，三樓也一百多平方米，分成六個部分，每個部分大概十五平方米，錢穆、唐君毅、張丕介先生分別佔據了三間，餘下的就是學生宿舍了。

在那孩子的帶領下，我推開鏽跡斑斑的鐵門，小心避過堆滿的雜物，走過略有油膩感的地板，抵達了那扇門，先生的宿舍就在裏面。那孩子說，現在那裏睡着他父母和他，我卻踟躕了。此時浮現在我腦海中的是一個新亞老學生給我講過的故事：有次他回到桂林街新亞書院的舊址，看到垃圾堆滿了過道，他一怒之下衝進這一間間「鳥籠」裏，生氣地問，是你們誰把這裏搞成這樣？怎麼能搞成這樣？那裏的居民各個漠然地轉頭就走，還有的罵了句「神經病」，留他一個人站在這裏，扼制不住老淚就一直哭。

我記得他當時的用語，「簡直是被現實迎頭砸傷了」。

此時我有着同樣的恐懼。

貧民區

我該有所準備的，這裏從來就不是繁華地，這裏還是香港的貧民區，雖然寄居過一個無比瑰麗的故事 —— 新亞書院。

那天中午我找了許久，甚至覺得彷彿是被流放在時光中。陽光鋪天蓋地而來，不同年代的牌區交雜而出現，恍恍惚惚。穿過電影中出現過的鴨寮街，那裏人聲鼎沸，叫賣、討還，熟練得彷彿已經進行了幾個世紀。走進橫亙着的桂林街，依然滿街的熙熙攘攘忙忙碌碌，誰能知道，在那參差的廣告牌和嘈雜的人群中，藏着這麼一個故事。

我最終是在髮廊和房地產兩間店面中看到那個門牌號 —— 桂林街六十三號。

新亞書院的院務主任文直良博士知道我要來找桂林街舊址，深怕我迷路，特意給了我一張去年的照片，當時的桂林街六十三號夾雜在中天藥房和中興氈墊商店中間，才一年，周圍的圖景全都變了 —— 這就是貧民區的特徵，一切都在刷新，你可以通過這些刷新看到命運倉促的流動。其他地方都翻身了，就這裏保持着流動的命運，從內地解放前到解放後，從香港回歸前到回歸後，總有許多被命運流放的人，繼續如浮萍般到這裏，然後隨着時光的各種變遷，兀自散去。

也是從走進這個地方，我就開始在想像當時的場景，才真切理解，其實那時候的錢穆先生、唐君毅先生、張丕介先生也都只是命運的浮萍而已。他們實在拽不住自己命運的方向，但就在這種情況下，他們還在做着那個瑰麗的夢。事實上當我站在樓道口的時候，我一直在揣想，當下得車來的錢穆先生看到這個骯髒、狹窄，翻滾着臭味的樓梯該是如何的心情。樓梯裏頭幽暗深邃，即使在白天，狹窄的樓群把光給擋了，我彷彿看到錢穆先生那瘦小的身軀就在門口，當時他拖着不多的行李，路邊應該聚滿了從內地各地流浪而來的人，或許當他站在門口的時候，人潮不斷推擠着他，然後他低下身子，小心地拉起長袍不讓它沾染到油膩的地板，走進那團幽暗中。

流放

　　是張其昀把錢穆邀請來香港的。但是，或許張其昀自己可能也沒有想到，只是突發奇想的隨口一說，竟然就把當時名滿天下的錢穆、唐君毅邀請來香港自己的學校任教了，而那個學校當時仍然沒個影。

　　那年，一九四九，廣州，狹窄的騎樓，到處有隨意臥休的人。那其中有蓬頭垢臉的逃亡者，有布衣長衫的落魄知識分

子，還有裹着殘破的軍裝軍人。此時的廣州，像個大車站，眾多人拖家帶口、懷揣着困惑而來，到了這裏，又被拋入集體的巨大的困惑。大量人都像是被歷史臨時趕起的潮，終究會往各自的方向流溢，從這個當時破敗的國度的南端，可以重新北上，可以去新加坡、去菲律賓，甚至去緬甸，另外的選擇就是去臺灣或者香港。而在流溢中，已然可以看出自己是怎麼樣的人。

張其昀低着頭走在擁擠的街道，崔書琴、謝幼偉已經和他一起商定要到香港辦一所學校，申請文件已經遞交給香港政府了，他此時困惑的是，到哪去找一個有名望的人來當校長。他邊想邊走，抬起頭卻突然看到一個熟悉的身影，是錢穆先生，張其昀無論如何也想不到，會在這裏遇到他。

一九四九年，對於知識界來說是一個非同尋常的年份。這年，以胡適先生等為首的一批人在籌劃着《自由中國》雜誌的創刊，徐復觀先生也在忙着《民主評論》的出爐。知識界在分化與不安中，都沒有閑下來。他們中的許多人都到了廣州，思考自己的走向。從這個意義上說，錢與張在廣州的相會，則有着一定的必然性。

當時的錢穆已經離群了。一九三七年「七七事變」後，北方各高校紛紛南遷，北大、清華、南開三校合併，在長沙組成

臨時大學。錢穆將歷年講授「中國通史」增刪積成的五六厚冊筆記裝入衣箱底層夾縫，在十月與湯用彤、陳寅恪等人南下長沙，開始了抗戰時期流轉西南八年的學術生涯。抗戰勝利後，北大的復校工作開始緊張進行。南京政府任命胡適為北大校長，當時胡適遠在美國未歸，即由傅斯年代理校長之職，負責北大接收、復員和北遷事宜。當時舊北大同仁不在昆明者，均得到信函邀請返回北平，獨獨錢穆沒有得到邀請。

其中原因，早已經成了懸案。一種說法是學術的分歧，傅斯年曾留學歐洲，被譽為史料學派的舵手，倡導「史學便是史料學」而名著當時。三十年代，錢穆任教北大時，即與傅斯年相識。錢穆早年作為考據名家，被傅斯年視為史料考證派的同志，保持着不錯的關係。但是錢穆與他在學術觀點上又是同不勝異的。在錢穆看來，考古派迷信地下出土材料而將古代典籍拋之腦後，這做法與疑古派一味疑古、否定典籍同樣有害，在西南聯大時期，隨着錢穆自己史學理論體系的日漸成熟，對史料考據派進行了全面批判。為此，作為學派領袖的傅斯年對錢穆的攻擊自然不會高興。另一種說法是，錢穆先生的桀驁惹怒了傅斯年。先生並不是一個注意世故的人，他的才氣帶着點狂放的氣概，他在不同場合對各種人都會直言對方的紕漏，這讓他得罪了一些學者，這其中包括傅斯年。

說錢穆先生是書生意氣，恐怕是有些根據，他是個興之所至的人。從西南聯大離開後，人生的轉折和時局的動盪讓他有些灰心，他想着擇一安靜之地，閉門著書立說「力避紛擾」。此時，滇人于乃仁在昆明籌建五華學院，託錢穆的學生李埏代為敦請，錢穆想着昆明的氣候、風景欣然應允再入滇中。不過，或許是內心的焦慮不能根治，抑或是動盪的內心已然脆弱不已，他開始以「有一友人說，人到老年，倍宜鄉食」為理由，認為自己的胃病「當以居鄉為得」，想要回無錫老家，那時無錫巨商榮家創辦江南大學不斷邀約，在久辭不下的情況下，錢穆竟然在一九四七年七月自己拿着行李，一個人偷偷回到無錫。不過，居家的安靜卻也終究沒能安寧先生躁動的內心，一九四九年春假，錢穆得廣州私立華僑大學之聘，決定南下，無錫榮家勸他勿離校南去，他再次故技重施，託言春假旅行，不攜書稿，隻身南下廣州。

　　我一直覺得，這個過程是錢穆先生在探求內心之安寧以及一生之志向的過程，四處的奔走背後是先生焦慮的內心。《錢穆傳》作者陳勇也認為，錢穆會到香港是偶然中的必然，即使沒有張其昀，那時候的錢穆或許也終究會接受某個人的邀請南下香港的，他的性格已經讓他選擇了香港 —— 他是那麼桀驁、理想主義而且詩意。

書生

一片渾濁的視野。到處是衣衫襤褸的人，橫亙着的是連綿不絕用鐵皮搭起的屋子。有孩子因肚餓而哭，有婦人為未來之絕望低吟。就是這樣的街頭，突然看到一張用秀美書法寫成的招生廣告：

本書院創立於一九四九年秋，旨在上溯宋明書院講學精神，旁采西歐大學導師制度，以人文主義之教育宗旨，溝通世界中西文化，為人類和平社會幸福謀前途。

新亞書院第二批學生、現在的知名學者唐端正記得他第一次看到這樣的招生簡章時，是如何的驚艷。唐端正當時隨父親逃難到香港，他就讀於新亞書院也是偶然。他記得很清楚，在當時那髒亂的貧民區到處擠滿了逃難來的人，大家關心的是如何吃飽的問題，當時他並沒有聽說過錢穆先生，看到那簡章的時候，只覺得這學校有點痴，但卻分外打動他。

錢穆、唐君毅兩先生那時候還堅持每週開講座，總有大大的預告貼在蕭索的街頭，惹來眾人的側目，有的笑他們痴，有的笑他們傻。但要不是這種痴傻，他們如何能支撐下去。事實上學校搬到桂林街已經是獲得接濟後改善的處境。錢、唐兩位先生是於一九四九年秋天到香港的。不久，應教育部邀請，錢

穆回到廣州，參加孔子誕辰演講。在此期間，邀請他來港的張其昀先生卻去了臺灣。

當時，建校事已由崔、謝兩位先生向香港教育司申請立案，校名為「亞洲文商學院」，以錢先生為院長，一位姓劉的先生任監督。此緣香港政府有此規定，創辦新校，必須有監督一人，出面負責。劉先生夙居香港，擔任此職比較合適。然而在開學典禮前夕，謝幼偉先生又離去了，到了印尼一家報館任主筆。謝先生的離去，一方面固由於印尼方面邀請，亦未始不有新校前途未卜的緣故。崔書琴先生十分贊成，認為此乃狡兔三窟，得一退步之策也。從中，我們也可約略窺得錢、崔等幾位先生當時的處境了。

唐端正記得，開學典禮就是由錢先生主持，在那次演講中，錢穆先生激動異常，他並不能聽清錢先生的無錫口音，只聽懂了「復興中華」、「復興中華」、「復興中華」！

當時，學校還是夜校性質，初期僅有學生四十人左右，後才增加到六十多人。校舍僅有三間教室，乃租借於九龍偉晴街華南中學兩間，而錢、唐兩先生自己常幾張課桌一拼，就這麼睡了。

也正是在這樣的景況下，錢穆收到了老師呂思勉、好友顧頡剛的來信，勸說其回。在後來的回信中，錢穆這樣對他的老

師誠摯地解釋：「老師一生勞瘁，無一日之餘閑，現在年事已高，我做學生的不能為您盡一點孝心，不能為老師掃掃地、鋪鋪牀，每想到此，心中總感到非常遺憾。老師勸我滬港兩地自由來往，這是我做不到的……學生對中國文化薄有所窺，但不願違背自己的主張，……願效法明末朱舜水流寓日本傳播中國文化，也很希望在南國傳播中國文化之一脈。」

當時顧頡剛得知這個消息感慨地說：「果然是個書生！」

歌

前面的座位坐着一個將軍，旁邊是個曾經的歌星，而另一邊那個衣衫襤褸滿身塵土。這是唐端正記得的新亞書院上課的情景。

一九五〇年秋，商人王岳峯同情錢穆等先生的美行，出資租得在桂林街的這一新校舍。錢先生有意將學校改為日校，但監督劉先生無意於此，也不願出讓校名。此前，崔書琴先生也離去了。因此，新亞書院就必須向政府重新申請立案和註冊，改校名為「新亞」，並擔任校長，由唐君毅任教務長，張丕介任總務老師。

當時的日子同樣的難熬，在校學生多為大陸流亡到香港的

青年，尤以吊頸嶺（後來美名為調景嶺）難民營的居多，這群學生需要四處找工作，才能掙得一口飯，學費根本沒有着落。

唐端正說，當年新亞學費每年四百八十元，而普通人月收入當時為三百元，學費不能說便宜，可是由於教授和校方的諸般「寬容」，八成學生獲免學費，有時候還巧立名目曰「工讀生」，讓學生象徵性做做清潔、註冊就免交學費了。在他記憶中，就有一名吊頸嶺難民，晚上在吊頸嶺當守衛，天一白就徒步快跑到桂林街上課，每每都要跑兩個小時以上，上到傍晚，又要快跑回去當守衛。錢穆於心不忍，也把這個學生以一個名目留在學校了。

於今敍述起來，當時的新亞書院更像是個難民營，許多學生不僅學費沒着落，連睡覺吃飯都要在學校，而這一切都要靠這幾個先生。先生們不僅要解決學生的教育問題，還有就業問題、吃飯問題、醫療問題。一到晚上，這些半難民學生橫七豎八地睡滿了整個學校，那些外出講課以貼補學校經營的先生們，晚上總要小心地避過學生的身軀才能進得了房間。

但是連這樣緊張維持都沒持續多久，搬進桂林街不久，新亞的支持者王岳峯因生意失敗，不能再供給。新亞書院處境萬分艱難。唐端正記得那時候的先生，個個愁眉緊鎖，對於這群一向不屑計較金錢的先生，卻非要他們在舉目四下無人識的香

港開口募錢。在最後揭不開鍋的情況下張丕介先生當了夫人的首飾。錢穆先生只能硬着頭皮，在一九五〇年冬和一九五一年冬兩次前往臺灣募集款項，艱難地維持校務。

新亞的第一批學生，著名學者余英時記得，有一年的暑假，香港奇熱，他聽說錢穆犯了嚴重的胃潰瘍，特意到學校看他，「只見他一個人孤零零地躺在一間空教室的地上養病，心裏真感到難受。我問他，有甚麼事要我幫你做嗎？他說，他想讀王陽明的文集，我便去商務印書館給他買了一部來。我回來的時候，他仍然是一個人躺在教室的地上，似乎新亞書院全是空的。」

有件事情唐端正刻骨銘心，當年教授藏着太多的焦慮和酸楚，晚上睡覺往往噩夢不斷，他們幾次都會被深夜裏教授的慘叫聲吵醒。「我們當時就睡在唐君毅老師的宿舍旁邊，晚上突然聽到唐老師驚恐地呼叫，天啊，天啊，我們一些同學聽着聽着淚就一直掉。」

即使這樣的境況，這些教授和學生最常的休閑，就是聚在一起，談如何復興祖國，復興祖國的文化，講到激動時，學生常常聚在一起，詠唱錢穆先生寫的校歌：「手空空，無一物，路遙遙，無止境。亂離中，流浪裏，餓我體膚勞我精。艱險我奮進，困乏我多情。千斤擔子兩肩挑，趁青春，結隊向前行。珍

重、珍重，這是我新亞精神⋯⋯」

唱到動情處，又是兩腮淚。

墓地

我最終沒有進入那個門，我甚至懷疑起自己此行來的目的，看着這麼一個腐朽的軀殼，能夠說明甚麼？當我要轉身離開時，那孩子告訴我，聽說香港政府有個很奇異的設想，要把老樓拆除了，復建在離地十五米高的基地上，基地下將建一個新亞書院紀念公園。「很奇怪的思路，感覺像在房子地下建了個大墓。」那孩子說。

墓地！新亞書院的桂林街歷史其實僅僅持續了八年，但在採訪中，新亞的許多學生告訴我，要找新亞哪裏都不要去，桂林街那裏才是新亞的母地。而當時另一位學生好不容易才對我說出了口，「怎想卻也成了墓地。」

一九五四年，新亞遇到了一個轉機，即與美國雅禮協會建立了合作關係。一九五五年，新亞書院開始得到哈佛燕京社資助，到一九五八年，新亞興建了新校舍，圖書館藏書六萬餘冊，創辦了研究所，正在計劃創建一所中學。新亞由此搬離了桂林街。

一切像是突然的轉機，卻不想，有着另外的顛覆。二十世紀五十年代末，香港已有三百多萬人口，社會的發展，使青年尋找出路的壓力大增。而當時香港僅有香港大學一所大學，鑒於此種情況，一九五九年，香港政府開始資助新亞、崇基、聯合三所私立書院，以作合併大學的準備。

　　對於合併為一新大學，新亞同人持不同意見。一部分人認為參加組合中文大學可以提高學院的待遇，經費來源也有保障，畢業生可以獲得政府的認可，找工作也會容易。一部分人則擔心參加中文大學以後，當局對學校的控制力加強，新亞原來的人文主義教育理想不易維持。錢穆在歡迎英國大學委員會代表富爾敦考察新亞的講詞中表現了新亞當時的這種矛盾，他一方面站在香港教育界的立場上，認為從香港社會發展方面，應該添設一所大學；而香港作為一個中國社會，應該有一所中文大學，既可保存中國的優良文化傳統，又可謀求中西文化的溝通。另一方面，站在新亞立場，他強調了新亞十年的教育精神和教育立場，他甚至用懇切的語氣說：「這一段精神，我們自認為值得要請校外人士了解與同情。」

　　在出於對學生前途的考慮後，由錢穆先生出面一一說服教授們，促成了合併。細心的錢穆先生做了大量的防範工作：他堅持要用「中文大學」校名以區別與當時香港大學盛行的英國

精英教育，他堅持要用中國人擔任第一任校長。然而合併之後的中文大學，已經遏制不住地西化。在校務會議上，中文大學的當權者也開始使用英文開會，這讓絲毫不懂得英文的錢穆幾次拂袖而去。

誰都盼着這塊麗的夢想能落地生根，誰想一着陸，卻着實碰撞個粉碎。一九六三年，香港中文大學正式成立那年，因為理念問題錢穆先生辭職了；一九七〇年，張丕介先生去世；一九七六年，唐君毅先生和一大批創辦者也辭職了。在那次採訪的最後，一位老先生悲傷地向我發問：「你覺得，那新亞書院還算在嗎？」

魂

當時的問題，我沒能也不好作答。事實上錢穆先生後來又「回來」了，在現在中文大學的新亞書院裏，先生的文章被雕刻在校園裏，連同他的風骨再次被不斷憶起 —— 新亞這種直指靈魂的風骨，是能跨越歷史與現實的諸多障礙的，我想能盛放新亞精神的，正是信念本身。

離開香港前，我特意去拜訪了被人稱為錢穆大弟子的孫國棟教授。在那個暗夜，沙田醫院，燈光昏黃，眼光所及的一切，

鋪陳成一張吐納過多少歲月的那種泛黃的照片。保姆愛姐不得不一次次提醒他身旁的老人，「你小點聲。」這滿頭銀髮的老人幾次講到錢穆先生都激動到嚷嚷起來，那蒼老但亢奮的聲波遊蕩在昏黃燈光下的醫院，顯得那麼的突兀和冒失。事實上他一直在努力壓低自己的聲音，也一直在克制情緒，但每每，講到他的老師錢穆講到的那段故事，他依然遏制不住的激動。

我的最後一個問題是，您覺得甚麼是新亞精神，新亞的魂。老人想了許久，答，或許是天真吧！

作為佐證，老人給我講了個故事，當時中文大學的領導多次挽留錢穆先生不果，出於對先生未來的考慮，建議先生以退休名義離開，而不是辭職，因為按照當時的規定，辭職的話就沒有退休金。當時的錢先生勞碌了大半輩子，卻還沒有自己的一片瓦，僅僅是靠着一些學術機構給的科研經費度日。「但就是那樣的情況下，先生還是拒絕退休，這就是新亞的天真和固執吧，有點痴又那麼真。」

在我要告辭時，孫老先生最後給我講了一個故事。後來遷居到臺灣的錢穆先生，一直講到八十多歲講到身體不能負荷的時候才從講臺上退休下來，「那天，錢先生拖着衰老的身軀上最後一堂課，他知道自己再也上不了講臺了，那個已然衰弱到連走路都費勁的先生，宣佈下課，在大家答禮要離開的時候，

錢先生突然在講臺上大喊『你們是中國人，永遠不要忘記中國』。」孫老先生彷彿看到那場景，再次情不自禁隨着先生喊叫起來⋯⋯

原載於《生活月刊》第二十六期，二〇〇八年一月號
轉載於《新亞生活月刊》第三十五卷第六期，二〇〇八年二月

我最記念的一段生活經歷

　　我現在已活過二十五個年頭了，雖然有不少值得記念的，但我最記念的要算是最近這段流亡生活了；然而在這段流亡生活中，尤其值得記念的一段生活經歷，那就是兩年的教流亡書生活了。

　　在中國這個動亂社會裏，自己要做甚麼，自己也不知道。有誰會想到，我們今天還要逃亡？又有誰會想到竟會逃到香港？同樣地，我做夢也想不到，連學生還沒做好，竟冒充起先生來了！

　　那所學校是由一位南開大學的同學高君和五位挪威籍的牧師創辦的，專收容從大陸上逃亡來的失學兒童。他們的開辦費是一塊美金，校名為香港難童義務學校。學生們的書籍文具都是由牧師們向各大書局捐來的。想不到，在香港竟發現五位「洋武訓」呢！

　　承高君之約，我有機會到這所學校裏教流亡書，真是一件

可驚可喜的事。可喜的是我能夠從那裏學到一些新知識與新經驗；可驚的是怕做不好，「誤人子弟」是多大的罪名呢。再者那些純潔的孩子都是未來復興的種子，想到這裏更害怕起來。所以從進這所學校那天起，一直到我離開止，在這兩年中間，這些警語都時時刻刻盤旋在我的腦袋裏。

在第一年內，最傷腦筋的要算是初中的算術了！我把十分之六以上的時間都花在算術上。因為在上冊裏就遇到算術中最難的部門——文字四則。有時遇到費解的題，實在沒辦法了，就請教營內的理科同學。那知有時他們也解不出。這些文字題逼的我好苦，直逼着我去翻腦筋裏十一年以前的老帳！有時因一個題而使我不安寧起來？走路、吃飯、大小便都在想，甚至經常連夢裏都做「算術夢」。在這段時間，我簡直要「算術化」了！雖然為算術吃了不少苦，但在課程上還沒發生阻障，而能順利推行。這也是最快活不過的了。

除了初中算術以外，我還擔任了初中地理，小學六年級算術、地理、歷史、自然……一週要有二十五堂課。教其他課就比較輕閒多了。尤其是地理，因為在對日抗戰及這次逃亡，跑了不少地方，所以教起來就不會感到空洞了。並經常增加許多有趣的新資料。

有一次中學班同學要我講故事，這個提議卻給我一個新刺

激。假如有機會可以告訴他們一些記憶方法。因為中小學教育，百分之九十以上都是記憶工作。這對他們是很實用的。

在那時，就不能不感謝從大陸上帶來的那幾本筆記本了。其中一本是「普通心理學」，裏邊有一章是專講記憶的。我把它認真地復習了幾遍。講過之後，他們卻感到莫大的興趣。這或者是給他們那好奇的小腦袋一種刺激的緣故。以後就經常把那幾本筆記中，挑選對他們有用，而又能使他們吸收得了的，講給他們聽。其中一次是關於習慣的　些問題。特別着重要注意一種「新習慣」的養成。因為革除一件習慣，要比養成這一件「新習慣」困難多倍。並舉了一些例子。我以為這些常識，對那群還沒染有惡習的純潔孩子是很重要的。

在講過多次之後，學生們對那些課外知識已大感興趣。他們對那些課外知識則呼之謂「科學」；並稱我為「科學老師」。這真使我啼笑皆非了！不過這對我倒是一件意外收穫，以後他們在課堂不守規則時，我一提到講「科學」，他們馬上就規矩起來。凡是有繁重功課要他們完成時，假如以講「科學」為條件，定能按期交來，有時還能提前完成。

想不到那幾本筆記幫了這麼大忙。以後學生們竟經常要我講「科學」了。

使我夾疼的還是六年級的孩子。那是全校最頑皮的一班。

不管你如何吃力的講，他們總是不聽；就是聽，也不按時交作業。別的老師早開始「打」的政策了。「打」，恐怕不是好辦法。因為打的結果，可能產生兩種不幸的反應：陽奉陰違及「奴隸性」。應該如何想法使他們出於自發自願。

一次，我同一位教員到山上玩，突然發現了很多含羞草，這在北方是很少見的，我們就挖了四棵種在我們的窗下。這東西怪好玩的，竟開花結果，繁衍起來。一時許多小含羞草相繼而生。在一齊種的幾種花，多是凋零枯黃的樣子，唯有含羞草一枝獨秀。

有一次是六年級算術的臨時測驗，結果全班只有三個人及格。當我把卷子發下時，那些不及格的還在笑。真把我氣死了。當時真想拿板子拍拍拍拍地大打一陣，然而沒有那麼做。

我把不及格的那十多位同學集合在窗前的含羞草前。首先我用手觸一下含羞草，它那枝葉就慢慢地收縮起來。唭！唭！學生們看了很新奇，後面的都拚命地引頸向前探望。等他們看完後，我就試驗我的辦法了。

「你們知道這是甚麼嗎」？我問他們。

「不知道」，他們都用好奇的表情回答出來。

「這就是含羞草」。他們以為我講含羞草的故事呢，都聚精會神地望着我。

「你們想想看，連野地裏一棵草都知道羞恥呵！人如果不知道羞恥，真連一棵草都不如呢！」這時他們那歡笑的面孔馬上收起來了，一個個都低下頭。

「我們國家，今天到了這步田地，就是因為我們無恥」。他們一聲都不響了。

「我們還像過去一樣嗎？」已開始接近正題了。

「我們是永遠在這個荒島上住下去直到我們老死呢？還是想要回到我們的家鄉呢？」我用最沉痛的聲音在問。

「想回去！」學生們都用哀痛的聲音勉強地說出這句話。同時他們都流起淚來。我也流了淚。

......

這是我第一次看到那群頑皮孩子全體流淚。也不該讓他們太傷心了，最後又說了些安慰他們鼓勵他們的話。整個一堂 —— 五十分鐘，都花在那裏，我也陪着他們在含羞草面前直站到搖下課鈴。

出乎意料地，這次的試驗卻發生了很大的效力。上課時他們都能靜心聽講了；並且凡指定的作業，都能按期交來。這種精神一直維持了一學期。

有一次，一個一二年級的小孩子偷偷地跑來摘花，恰巧被一位高年級同學發現了，急忙的嚷道：「嘿！別動！那是楊老

師的寶貝！」

我們經常到野外旅行。一次曾跑到學校右面五華里的高山上。經過一個小村莊，那裏有密密的樹林、竹林，有芬香的野花。到了一個開闊的廣場，隊伍解散了，讓他們儘情地玩玩。他們就像一窩蜂似的跑開了。

最後我們再爬一個七百公尺的高山去看大海。崎嶇的山路真難走，然而孩子們爬的怪有勁的。有兩位「飛毛腿」的同學，搶先地跑上山頂，他們把校旗高高地插到山頭。這一來，後面的同學也一齊拚命地衝上去；並且還高興地大喊：「殺！殺！」

到了山頂，向遠處看去，啊！滾滾白浪，一片汪洋大海，一望無際。天連水，水連天，看後頓覺心胸暢快。孩子們更好奇地，吱！吱！叫起來。

之後，有幾個孩子跑來問我：「我們的家在哪裏？」我指着大陸的方向告訴他們：「海的那邊，就是我們的家鄉……。」看那幾個孩子的表情怪可憐的。

在那裏整整玩了一個鐘頭，才整隊回來。

那所學校雖然僅僅一百八十位同學，但他們的省籍卻包括了全國性的二十一行省。天南地北共聚一堂。也是唯一的樂事。孩子們的天資都很好。這或許是因為他們多是中上階層人家的子弟的緣故。

孩子們還有一點可愛的地方，就是他們拾到甚麼東西都交給老師。就是拾到五分錢，一角錢也同樣交來。此時此境，真是難能可貴的。孩子們是如何純潔天真呢！

我們為了施行立體化的管教法，曾不斷去訪問學生們的家長。後來發現這個方法收效很大。因為那是學校、家庭一體雙管齊下的辦法，這樣，我們也可對每個學生的個性，了解的更深刻了。只惜我們的時間、精力有限，不能家家去拜訪。

在學生家長中，我們認識了兩位鐵路局的警務段段長，一位中將副軍長，一位少將師長，還有兩位縣長……至於校官更多了。這些人物，如果是在大陸時，是不易見到的。而目前，他們居然也能安於這種流亡的窘境。真是一件了不起的事。

一天從早忙到晚，夜裏還要改四十九本算術演草（那時中學班三十人，六年級十九人）。所以每夜都要忙到十二點，經常還要到下一點。雖然工作很繁重，但並不感到累。

一元復始，萬象更新。不知不覺一個年頭已經過去了。時光易逝，真是怕人。

這一年學校要增加一班初中，這也是最傷腦筋的事。因為中學部一本書的價錢要抵小學五本以上，就在這一年當中，學校裏鬧了一次「經濟恐慌」。舊的捐款用光了，新的捐款還沒捐來，就在這個青黃不接的真空時期，老牧師曾哀痛地流了

淚。這位老牧師在中國傳道已三十年。他留戀大陸上的教區，也正如我們留戀我們的家鄉一樣。

這學期初中二要我教他們的代數。我本想還是教初一算術比較省事，也比較熟些了，然而他們不肯。並且學校當局還要我擔任小學六年級級任，這都是使我深感惶汗的。

學生們每學一種新的課程，總是那麼好奇與興趣。講到代數的正負數時，他們很天真的發問：「人有沒有負的呢？」「也有啊！死人就是呀！你們沒看到死人躺在墳墓裏，不還是個『負號』嗎？」我回答後，惹得他們哄堂大笑。有的還在嚷，啊！真是「科學老師」！

無論是講算術或代數，我都儘量使它興趣化。關於文字題，第一步一定要找出全題的中心，而這個中心，往往就在一句話上。我經常請學生們練習找出這句話。因為忽略了這一點，對一個深奧的數學題，就無從下手了。之後，這個辦法，對學生們解文字題是很生效的。

為了要使學生們的注意力集中，我每次都要把書上的例題默出來。那都是在上課前兩三分鐘記下的。學生們看到大為驚奇，他們硬說我把數學都背過來了。其實我那裏還有時間讀數學呢。

從第二年起，對連三的課程（接連的三堂）已感到頭疼

了！因為時常中間連水都沒得喝。第一年還不覺甚麼，但第二年，尤其是下學期，就成了嚴重的威脅！當第三堂過後，簡直氣都喘不過來。正如做了一件甚麼勞力工作一樣的疲乏。

雖然學校的課程是那麼繁重，我每天還要抽出一部分時間來練習寫作。並不是完全失望，偶爾也能刊出來。凡是遇到《新天》刊出時，我就欣喜萬分，因為我可有即期的雜誌看了，否則我是買不起那雜誌的。每當在《新天》拿到稿費時，我一定要給學生們抽點稅。雖然我已窮得要死了，但每次總要拿五元到十元給他們買「變色鉛筆」和筆記本。因為學生們都沒水筆，普通鉛筆記的不耐久。那雖是些微小的東西，而學生們拿到後，卻歡喜的了不得。

我唯一的寫作資料，只有向下層社會去發掘。我以為最含「人情味」的還是「攞搰堆」那個稿（《新天》刊出的）。單單香港九龍每天的攞搰，竟養活了八百多口生命。孩子們出生在攞搰堆裏，幾十年的時間都與攞搰為伍，直到他們死去。雖然那個「攞搰堆」已有三十多年的歷史了，而香港的報紙上，卻沒有他們的地盤。

黑夜籠罩了大地，人們都入了夢鄉，一切都像死一般的靜……那時卻是我的天地了。我可以寫，靜心的寫。一天忙個不了，唯有那段時間是屬於我自己的。

每天最麻煩的，就是改學生的作業，每夜都要改二三十本的數學演草、作文、日記……有時一本數學本，一篇作文，我都要花去四五十分鐘的時間。

我最喜歡一二年級的小孩們。每當我走進他們的教室，他們就從四面八方蜂擁而來，把我擠得不能行動。我看到他們真高興極了！我竟有着這麼多的小弟弟小妹妹了！

一件不幸的事來臨了！突然地，在第二學年下學期將要結束時，我每講話過多則左肋下疼痛。這好像是個預兆 —— 在這裏已不能再苦撐了！之後只有用低聲講，在這種情形下教室裏更需要保持安靜了。如果合班上課時，高年級同學就自動管理低年級同學。

每週二十五堂的課程，已無力再支持了，不得不暫時休息。我在病中，曾接到三位中學班同學的信。他們都在台灣的中學裏出了風頭。兩位考第一名，一位考第二名。這真使我快活極了。同學們聞訊之後都高興的跳起來。

居然在第二學年，中學班的同學，也有的能寫稿了！雖然希望並不大，但也不是全落空。有時也能刊登出來。上次《學生週報》的徵文，就有兩位同學入選。

在這兩年當中，原來不識字的孩子，現在已讀到第四冊了。眼看着每個同學都一天天長大起來……我真不忍離開

他們。

由於這次的經歷，才深深地體味到小學教育的重要性。未來的復國建國事業，一定要先從普及教育下手，而小學教育無異地先要徹底做好。這不僅是關乎教育事業上的得失，確是的會影響到整個國家民族。

……

一次我又走進一二年級的教室，孩子們仍如過去一樣，把我包圍起來。「我要離開你們了！」我很鄭重的向他們說。「不！不讓你走！」他們更把我擠的緊了。「現在請你們唱給我兩個歌聽吧！」這是我第一次向他們請求。想不到，這天他們卻聽我的話了。個個都跑回自己的坐位，直直地坐好。兩隻小眼睛都瞪的像兩個小燈泡一樣亮，注視着我。唱的聲音的齊整，也是我從來所未聽到的……

別了！兩年的家，別了！臨別前夕的晚會，碼頭上孩子們的哭泣，都給我留下很深的印象。再會吧！小朋友們！

這兩年的生活雖然苦，然而卻很有意義。我將永遠地記念着它。因為它也留給我一個永遠的記念，使我永遠不能忘記這段生活經歷。

原載於《新亞校刊》第二期，一九五三年三月

這就是新亞夜校

郎健行（高閣）

我當了小學教師好幾個月了。但且慢！別先鬧着嚷着，說我賺到錢該請客。其實，我的工作完全出於義務，一個銅板兒也拿不到的。

我執教的地方是新亞夜校。七八年前，當新亞書院還在桂林街的時候，一些熱心教育的老同學，便利用新亞書院的校舍，辦了這所平民小學。從今日眼光看去，學校環境實在不行：兩層陳舊的樓宇，三間簡陋的課室；光線既不充足，書桌和黑板也不令人滿意。跟正式小學的設備相比，真是望塵莫及。然而我畢竟在那裏教了幾個月了，以後假如沒有甚麼變故，我願意繼續教下去。也許有人會笑我傻子，說自討獃事來幹。人們的意見我不管。我也承認自己有點傻氣，有時傻勁一發，可真不容易收拾。

學生不多，大約六十餘人，絕大部分是超齡的。女孩子佔最多數，約為全校學生總數百分之七十。人們重男輕女的觀念

總沒有脫掉，有辦法的都只送兒子入日校；而對女兒的照顧，卻是馬虎隨便。這是一般不良的社會風氣，我們同事間每回談及，不免相對喟歎；可是誰也沒有移風易俗的力量，也只好徒然喟歎罷了。

學生們全是附近窮家子女。這些可憐的孩子從降生那一天起，便遭到幸福女神的蔑棄。他們沒法享到像富有人家孩子那份福氣：只需專心讀書，不用操心別樣事情。他們白天得幹工作，或者在家中糊紙盒，或者在工場裏織藤器；其中有一個，且隨着瞎了眼睛的高年祖母到處行乞，祖孫兩人就憑着幾角錢度日。營養不良，工作的過重，把他們單薄的身體和幼弱的心苗摧殘得不堪，以致沒有充分精力和時間去留意功課。假如拿他們的程度和日校小學生相比較，當然有所距離；不過距離卻並非如想像中差別那麼大。這因為他們每人都知道用功所致。他們好學的態度使我驚訝：他們討厭放假；他們勇於發問。上課時固是如此，下課後還是一樣。只是這一來，卻苦了我們了：我們一方面雖說是老師；但一方面還是學生。腦海裏藏有多少東西，自己最是明白不過，所以答不上來的時候有的是。碰到這種情形，當然免不了有點兒窘，然而我們卻從來不敢強作解人，不懂的就坦率承認不懂。子曰：「知之為知之，不知為不知，是知也。」沒辦法，只好搬出他老人家的話來解嘲了。

學校太窮，請不起校役，一切雜務均由學生們擔當：每晚上課之前，他們會掃一遍地擦一遍黑板，下課後也是如此；桌子椅子假如被跳蹦蹦的小同學弄歪了，大同學會重新排好；要是誰不小心玩小刀子割傷了手指，別的同學自然會為他塗紅汞敷裏。一切用不着做老師的費神。有一回，一位同事說地面和窗戶似乎髒了些，於是同學們立刻發動起來，實行全校大掃除。看他們高捲褲管，興高彩烈地工作，情景真叫人感動。這種景象在正規日校裏不易見到；雖則他們也要培養學生對工作的熱誠，也有像勞作之類的課程寫在時間表上，可是要想對那些只會在爸爸媽媽懷裏打滾撒嬌的孩子們起作用，誰人敢說會是一樁可能的事？新亞夜校沒有勞作科，但同學們對工作卻絕不躲避推搪，他們認為抹玻璃擦地板是應該幹的事，用不着強迫和命令，也用不着驚異和讚揚。

或許有人因為他們家庭環境差，便隱隱約約猜他們大概是粗蠢不堪的孩子吧！這種想法錯了，他們不但不蠢，在環境的磨煉下，還變得格外懂事。譬如說：每次晚會的茶點，統歸他們負責預備，他們會打算，曉得到那裏購買可以打折扣、替學校省錢。這些事給日校小學生幹，一定辦不來。一天晚上，幾位老師不知怎樣說到綠豆和白糖的價格，大家全不清楚，最後還是問他們才明白。你說，我們對日常社會的了解是不是比他

們不如？自己躲在自己雕製的象牙塔裏，直像「隱於市朝」的人物了，嗚呼——只好嗚呼了。

任教的老師，幾乎全是新亞書院的同學——只有三位是別校的工讀生——我們不擺架子，也沒有架子可擺：下課以後，我們和學生一起談話說故事，他們不怕我們，有時還敢開點玩笑。有一位小女孩子最是淘氣，常常故意找些問題來麻煩你，比方說：她忽然愁眉苦臉的走來道：「老師，我的書包不見啦！」我們當然替她尋找，她也在那裏團團轉的檢看，然後突然「咭」一聲笑起來，從一個抽屜內拿出書包高高舉起，嚷道：「找到了，找到了！」一看她的神情，便知她準是事前收藏起來的；不過望見她笑得那般得意和天真，我們都不說甚麼，只隨着她相顧微笑。

你可別憑這種例子去判斷他們胡鬧，他們上課時卻都挺守規則：三年級同學年紀小，不免略有騷動；但五年級和六年級的秩序卻差強人意，尤其是六年級，即使跟任何學校相比，也不見遜色。該跳的時候跳，該靜的時候靜，這種學生我最喜歡。他們都尊敬老師，但又不和老師疏遠。聽說桂林街時代的新亞書院，師生融洽無間，形成現在為人羨稱的新亞精神；我考進新亞書院是一九五八年的事，當日的情景無從領略。有時，我凝望那塊掛在新亞夜校教務處門前鑴刻着錢校長手書

「教務處」三字的木板，腦際問題油然而生：所謂「新亞精神」也可以從今日的新亞夜校感受到一二嗎？

原載於《新亞生活雙周刊》第三卷第十三期，一九六一年一月十六日

情

新亞人的新亞情

導讀

張冠雄

　　一九九九年颱風約克在大嶼山登陸，橫掃香港。那是香港天文台整個九十年代以來唯一的一次需要懸掛十號颶風信號，之前一次已經是一九八三年！同學大多對暴風威力的記憶相當模糊，只知道颱風襲港將會多一天假期，於是住宿舍的同學大多不在校園，紛紛回家，但有部分同學為了趕作業選擇留下來。可是風雲莫測，就在當晚凌晨，約克突然改變風向，天文台在三個多小時內連續更迭信號，從三號風球一路升到十號風球。宿舍受颱風正面吹襲變得脆弱無比，所有樓層瞬間變成澤國。

　　九十年代末宿舍每個房間的地上都放着電腦和大量電線拖板，少數留守宿舍的新亞同學為恐防水浸導致漏電，馬上自發動員「救亡」，像螞蟻搬家似的逐層逐戶移開雜物，與此同時拼命想辦法疏導不斷湧進室內的雨水。眼見宿舍下層走廊的積水深及膝蓋，連平日最愛打扮的女同學也顧不上梳妝，堅守崗位，合力保住宿舍的財物，徹夜不休，一直支撐到中午，奮力熬過戰後懸掛時間最長的十號風球。其後風向轉變，雨勢減弱，同學便各自從冰箱拿出自己的食物。個個筋疲力盡之時，居然有同學請纓為大家做了一頓飯，於是遲來的早餐變成雨後甘露。那年初秋，新亞師生無懼風雨，「結隊向前行」，譜寫出不朽的佳話。當時身在其中的老師和同學，無不感受到書院那份情懷。

　　新亞的情懷，不獨桂林街草創的艱苦時代所有，也不讓農圃道天人合一的圓亭樹下專美。沙田山居寧謐的樹林，斜坡路上、天涯海角的日月，「人文山」上的流星雨，都見證了幾番時代更替。新亞人，在偶然的煙雨迷霧裏，總是在身處艱難的時刻，懂得在山坳之間摸索自身的出路，也同時塑造了自己的真性情。

唐君毅先生說得好，能夠忘掉自己所是所有的人，「無論其飄零何處，亦能自植其根。」遇上最困惑之際，彷彿前無去路，如何能保持青春氣息，保持奮進之心？當眼下承受一波又一波的衝擊以及冷嘲熱諷，彷彿身邊所有人要告訴自己這樣走下去沒有好下場時，心中如何仍舊抱持往昔熱情？於是你就發現，其實新亞書院有許多前人像鹿一樣，有堅強不屈的情懷，也有不畏犧牲只求奉獻的赤誠之心。看他們的故事，你會明白，說奮進，是很容易的，艱險我奮進，卻相當難；多情的人不稀罕，然而困乏我多情，並且帶着熱情挑動千斤擔走完遙遙路，那就非常不簡單了。

談新亞校歌

陳永明

一位新亞生物系畢業的老同學，現任職聯合國農業部，公幹經港，在我家小住了兩天。一次，吃完早飯，他忽然說：「咱們新亞的校歌，歌詞實在有意思。作學生的時候，人唱我唱，不知所云。前幾年，重溫一下內容，才覺得寫得真是好。」校歌是錢賓四校長作的詞，黃友棣先生寫的曲，全首歌詞如下：

山巖巖，海深深，地博厚，天高明，人之尊，心之靈。廣大出胸襟，悠久見生成。珍重，珍重，這是我新亞精神。珍重，珍重，這是我新亞精神！

十萬里，上下四方，俯仰錦繡。五千載，今來古往，一片光明。十萬萬（本作五萬萬，依今日實際數字改），神明子孫，東海、西海、南海、北海，有聖人。珍重，珍重，這是我新亞精神。珍重，珍重，這是我新亞精神！

手空空，無一物；路遙遙，無止境；亂離中，流浪裏，餓我體膚勞我精。艱險，我奮進！困乏，我多情！千斤擔子兩肩挑。

趁青春，結隊向前行。珍重，珍重，這是我新亞精神。珍重，珍重，這是我新亞精神！

　　校歌，新亞同學、校友，大家最熟悉的，大概是第三節，特別是「手空空，無一物」那一句。我們把它掛在口邊，是開玩笑的成分多。我們可以拿來開玩笑，因為後期——遷農圃道校舍後——的同學，沒有幾個深切了解「手空空，無一物」的困境和心情。錢校長撰詞的時候，卻的的確確面對這麼一個環境。錢賓四、唐君毅、張丕介諸先生創辦新亞的時候，的的確確是「手空空，無一物」的。他們在國內的事業都蕩然無存。香港，在當時他們的眼中，十里洋場，雖然是中國人集居的地方，但少中國味兒，簡直是個陌生的外國。更重要的是，他們要不是已經過了五十，就是年近半百。自己年輕時未能體會，現在接近各位先生創校時的年齡，頓然覺得他們的精神可敬可佩。

　　今日，未到五十，我們便想到退休，安排怎樣享享晚福，哪裏還會想到創業？而且是不賺錢的文化、教育事業？歌詞往下看：「趁青春，結隊往前行」，這並不單是勉勵同學，也是自述己志。創校時，賓四先生已經五十五了，還趁青春？對！因為人真正的年紀在他怎樣看自己。錢先生，唐先生，張先生結隊，在一個陌生的環境下，靠着空空的手，創造了新亞書院，到今日已經有六千多的畢業生了。這種奮進、多情、年青的心

志，就是賓四先生再三、再四要我們珍重的新亞精神。

在香港人的心目中，物質、金錢是最重要的。「手空空，無一物」，憑甚麼打開一個天下，創出一番事業？錢賓四先生、唐君毅先生、張丕介先生，四十年前，在亂離流浪之際，沒有任何物質的依憑，為了文化，為了教育而創辦新亞書院，這種精神，今日的香港人是很難了解的。他們成功了，我們大家當然都說欣賞。可是把我們帶回四十年前，大概都會覺得他們愚笨，的的確確他們真是如孔子批評甯武子：「其愚不可及也！」

新亞創校的諸先生這種不可及之愚到底是怎樣來的呢？那就要看看常常被遺忘了的校歌首、二節。校歌第一節說到人的心靈是與莊嚴的山、深邃的海、博厚的地、高明的天同大，並不是人類渺小的軀體足以代表的。有恒，持久，人心靈的能力就可以發揮。

唐君毅先生曾在〈告新亞書院第六屆畢業同學書〉說到他自己創校時的心境——

那時我們之學校甚麼憑藉都莫有。如校歌中所謂「手空空，無一物」。我個人那時的心境，亦總常想到我們在香港辦學，是莫有根的。我們只是流浪在此。我們常講的中國文化精神，人生理想，教育理想，亦只如是虛懸口中紙上，而隨風飄蕩的。但是正因為我常有此流浪的無根之感，所以我個人之心

境，在當時反是更能向上的。**正因為我常覺一切精神理想都是虛懸在口中紙上，而隨風飄蕩，所以更想在內心去執定它。**

在甚麼憑藉都沒有，在一切理想都只不過是口中的空言，紙上的虛話的時候，人倚靠的就是他的尊嚴，他的心志，去把這些理想的夢落實在人間。

古人說：「文窮而後工。」其實窮而後工的道理並不止應用於文章的範圍。沒有憑藉，我們更能體會人心的能力和偉大。一切外在的憑藉都有點不可靠，都隨時可以變，還是明白自己心靈、意志的能力重要。唐君毅先生說 ——

人必須在現實上之憑藉愈少而感飄蕩無根時，然後精神上之理想才愈能向上提起。但提起的理想又還須落在現實上生根。然而我們只注目在理想之在現實上生根時，理想之自身即可暫不向上生發。而現實的泥土，亦即同時可窒息理想之種子的生機。

〔我們〕的處境……大別言之，非順即逆。……順境者非他，即人所想望者……之比較能在現實上生根或實現而已。……千萬不要忘了一切順適的環境，都同時是宴安酖毒。……**我卻深信一個人要真成一個人，必須從忘掉自己之所是所有，而空無依傍上下工夫。**而且亦是一切真正的智慧、真正的理想、與真正的感情所自生之根源。

這種尊重自己，倚靠自己，不依憑任何外物的勇氣，就是

錢穆先生要我們珍重的精神的另一種。

新亞校歌歌詞第二節 ——「十萬里，上下四方，俯仰錦繡；五千載，今來古往，一片光明。十萬萬神明子孫，東海、西海、南海、北海有聖人。……」

這對中國、中國人、中國文化的肯定，有人會覺得是傳統學人最壞、最可哀的一點，對自己的文化缺乏批判，把中國文化盲目地抬高。「六・四」之後，北望神州，真是「黯兮慘悴，風悲日昏」，怎樣可以同意錢賓四先生 —— 俯仰錦繡，一片光明的話？

但這是新亞校歌裏面最重要的一節，新亞精神最基本的一環 —— 對人性，對中國文化的樂觀和肯定。我們要明白，錢賓四先生撰詞的時候，他眼中的中國並不比「六・四」後的光明，也是「塵埃散漫風蕭索」的一片淒涼，可是他寫出了這麼有信心的樂觀話。

「六・四」以後，不少人在傷痛之餘反省中國的過去與未來，認為慘劇的發生，政府的悖理，都是中國傳統文化的遺毒。十惡不赦的是我們中國吃人的文化。他們覺得要是不揚棄中國文化，不打倒中國固有的意識形態，先把它砸爛打破，中國文化難獲再生。美麗的文化鳳凰只能在舊文化的頹垣壞壁、破瓦遺石中再出現。

一件事總是不止一面的，有人將中國全部歷史說成一團漆黑，亦有人視古往今來一片光明。問題是：為甚麼我們一定要

強調壞的代表了中國文化？

任何文化都有見不得人的事，西方的民主出現過希特勒、墨索里尼，我們有沒有聽過任何人要打倒西方的意識形態，砸破西方的文化？為甚麼一談到中國，我們就頓感自慚形穢，一切都要扔到茅坑？

錢先生、唐先生、張先生要我們看到中國歷史上這些光明，文天祥、史可法，雖然是少數，可是他們代表了中國文化。歷史上的污點都只是變異，只是障礙。這不是說我們對中國文化不批判，批判中國文化不等於否定中國文化的意識形態。

作為一個中國人，我們還有甚麼其他立足點去批評中國文化？去決定怎樣回應外來的影響？揚棄了中國文化就是把我們立腳的地方抽空。

當然，古往今來，一片光明只是一個信念。堅持這一個信念，給我們帶來看事物的一個立足點，給予我們向前的力量，回顧的時候也叫我們毫無羞愧。假如，為了中國歷史上一些暴君的暴行而否定中國文化，那真是因噎廢食，噎當然要診治，廢食卻是大可不必。對中國、對文化、對人性常存樂觀是最重要的新亞精神。

原載於氏著《哲學子午線》

轉載於《新亞生活月刊》第二十一卷第一期，一九九三年九月

珍重珍重

盧瑋鑾（小思）

這幾天，常常想起新亞校歌。

不必細數有多少日子沒聽沒唱這首歌了。反正，自己以為早把歌詞忘得有一句沒一句。

「你們應該知道，學識是一回事，但人最重要的是有情感。……」就在那天晚上，老老少少同學聚在雲起軒，賓四師這樣對我們說話的時候，忽然，整首校歌清晰地自我心底泛起來。

當年，站在農圃道新亞書院那個小禮堂裏，唱着「手空空，無一物，路遙遙，無止境」，心裏的確十分感動，滿以為自己很了解開創者歷盡的艱苦；也輕率地暗自許諾：他日定當秉承「千斤擔子兩肩挑」的精神。

其實，那時候，真是不曉艱難。

漸漸，在成長過程中，在無數的軟弱裏，才深切體味這些詞句背後，原來有一套大學問，而這套學問，說來容易，做起

來倒不簡單。

怎能挑得動千斤擔？怎能走得完遙遙路？這裏，單靠理智恐怕不成，還得有些甚麼支撐力，才可以一肩擔盡古今愁，抹乾淚和汗，繼續上路。

「艱險我奮進，困乏我多情。」

「人最重要有情感。」恍然，我明白了，支撐力就在「有情」。理智，很冷靜，叫人把利害看得透徹，你我分得太清。單憑了它，有時多想想個人利益，就甚麼都幹不成。情感，很熱切，像團火，控制得好，是燃燒自己，照亮別人；方向不對，就毀物害人。

在艱險、困乏中，能奮進能不倦，這股熱，總不能缺少。「多情」，恐怕在許多人眼裏，已是個古舊名詞，甚至只不過是「傻瓜」的代名詞罷了。

在十分理智的冷眼注視下，毅然不脫當傻瓜的情懷，那就更見「有情」！

原載氏著《翠拂行人首‧小思集》頁五八至五九

俯首甘為孺子牛

── 記與小思老師的一段接觸

江關生

　　小思（盧瑋鑾教授）和我並沒有交往。我也沒有送書給她。讀到她在專欄連續兩天對拙著《中共在香港》的極高評價，令我喜出望外，也感到汗顏。

　　寫了一封答謝信，透過電郵，經《明報》副刊編輯轉交給她。其中寫道：「自從多年前，替教育局製作《香港文學散步》（光碟），與您有一面之緣，已有多時不見，但一直有讀您的專欄。知道您退休多時，仍然孜孜不倦地吸取知識，傳播智慧。在教育學院獲頒授榮譽名銜一刻，也不忘為飽受教改煎熬的老師發聲。一言一行，令人感佩。」

　　小思回電郵說：「謝謝來函。你下的工夫我佩服，故直言了。」

〈下筆不小心〉

第二天，我再發了一封電郵給她：「也恕我直言了。您的文章〈紅匣子是這樣打開的〉提到：『你不信 1967 年怎會有那麼多名校 (華仁、英皇、皇仁、聖保羅男女校、英華女校、聖士提反女校、庇理羅士女校等等) 學生上街放炸彈，看看此書，原來二三十年代人家就在做工夫了。』對此，我有不同看法。」

根據我對「六·七」暴動的探究，沒有資料顯示有名校學生上街放炸彈。

她很快就回覆：「經你提醒，深思那『放炸彈』三字太有問題，我要寫小文更正，才不讓人對當年學生誤會。」

結果，她在緊接着的專欄文章寫了〈下筆不小心〉，承認『放炸彈』三個字，我用得太大意。我應該說『放傳單及假炸彈』」。

無獨有偶。香港電台第一台台長陳耀華在同日同版也寫到小思：「無意中在電視上看到小思老師的演講，說的是為師之道，怎樣做一個稱職的老師，怎樣用心教好學生，歸根結柢，還是怎樣做人，怎樣做一個負責任的人，一字一句，鏗鏘有聲，聲聲入耳，鑽入心坎。」

我錯過了這場演講。但是她勇於負責、有錯必糾的身教，就是最好的為師之道，深深地鑽入了我的心坎。

小思的感染力

她還熱心地安排我幸會了八十四歲的廖一原遺孀汪雲、女兒廖小雲。她們對拙著寫到廖一原的章節，對我表示感謝。從汪雲口中得知，把廖一原的珍貴藏品，捐贈給中文大學圖書館永久收藏，是受到小思的啟發。在〈我永遠懷念廖一原老師〉紀念冊裏，汪雲寫道：小思教授「無私的捐出半生辛苦自費蒐集的所有作家的著作及資料給中大」，受到她的精神感染，按照她的建議，把廖一原一生收藏的大部分字畫、文物捐贈給中大。

與廖家母女告別後，小思和我在一家星巴克咖啡室繼續攀談。

她告訴我，極少寫這樣的推介，一度猶豫過。

但禁不住興奮的心情，還是寫了。（按：拙著有幾處提及她，包括，她比較日本阪神地震和中國汶川地震差異的錐心之痛；回應她有關無綫得獎作品《離家四十年》是集體努力的成果，不是某個人的功勞；以及廖家文物贈中大。）

她鄭重地轉述了一位左派陣營的長者對拙著的批評。在我看來，只是一些無足輕重的意見：某某人的東西引用得太多之類。細想，也許是我在某處的表述，令這位長者不快。結果，

小思有意為我撮合的會面泡了湯。

小思研究現代文學超過三十年，對與香港有關的現代作家，作過地氈式搜索，逐日逐日地翻閱報刊，不分左、中、右，保存了大量剪報，抄寫了大量的資料卡片。她看了不止十年的微縮膠卷，眼睛就是這樣看壞了。現在看東西，需要光線很充足，才看得清楚。

上世紀八十年代，一位歷經文革批鬥而倖存下來的作家、畫家郁風，來到香港，看到小思居然保留了她三十年代在香港編刊物的文章、剪報，感動得淚流滿面。郁風做夢也想不到，當自己成了牛鬼蛇神、被視為草芥而惶惶無可終日之際，在南天海角一隅，竟然有一位學者，把她的作品視為寶，認真地搜集保存下來。

儘管一片苦心，照樣會碰釘子。在八十年代那個階級鬥爭陰雲未散的歲月，小思得知作家杜埃來香港。收集了不少杜埃資料的她，一心想拜會他。見面時，房門大開，門外站着兩名男子，杜的態度也較為冷淡。小思後來得知，原來對方懷疑她是別有目的的特務。

香港文學口述歷史計劃

談到她苦心經營的「香港文學口述歷史計劃」因為二〇〇二年退休，原來一筆已獲批的基金，因為人離開了中大，沒有了帳號，而無法啟用。那種受制於官僚架構繁文縟節的無奈，聽者也為之氣結。

幸好，中大圖書館鼎力支持，於極短時間內，把許多獲授權的資料上網，設立了香港文學網頁，公之於世，現已成為中大圖書館各網頁中，閱讀人數最多的網頁。圖書館同人正繼續努力，把更多報紙副刊及期刊文章數碼化，例如積極爭取《大學生活》的網上版授權。

過去十年，她做了大量有錄像的口述歷史，反共的一翼，包括美國人資助、用來對抗共產主義的友聯文化機構，出版《中國學生週報》、《祖國月刊》等刊物的參與者。親共的一翼，她也訪問過好幾位作家和一位《青年樂園》的編輯。口述歷史的一位被訪者 —— 她的老朋友、作家古兆申身患癌症，以為命不久矣，希望小思把他那部分口述歷史提前出版，那就死而無憾。

小思說，不想再看見中文大學中文系教授黃繼持生前看不到自己作品出版的遺憾。她於是三日三夜連續奮戰，為編輯古

兆申的口述部分趕工；一位幫小思做口述歷史，因為工資微薄要另謀出路的博士，也願意在臨走前拔刀相助。結果《雙程路》在二〇一〇年面世。古兆申也奇跡地康復了。

除了藥石有靈，不知跟《雙程路》的刺激有沒有關係？

不久前我為拙著下卷寫了一段《新亞書院 —— 大陸解放、東西方冷戰的產物》的文字。讀過講述新亞的《花果飄零》，我直言這本書寫得不好。她的回應是：作者搜羅了很多資料，但是「捉到鹿唔識得脫角」。她還說，出自唐君毅先生之口、廣為流傳的那句「花果飄零」，並不全面，後面還有一句：「靈根自植」，才是根本。她提示我去翻查《唐君毅全集》。果然，唐君毅說得很清楚：自作主宰的人，「無論其飄零何處，亦皆能自植靈根，……使中國之人文世界，花繁葉茂於當今之世界之大任者也。」新亞書院的發展壯大，就是錢穆、唐君毅等當代大儒靈根自植的成果。

以上這些鮮為人知的故事，是我在星巴克的一個多小時裏面聽到的。個別細節後來通過電郵請她核實。

同樣是教育工作者，小思沒有司徒華的「橫眉冷對千夫指」，只有溫純婉約的「俯首甘為孺子牛」。談到文化、出版界一些她看不順眼或有人上當受騙的事時，頂多是一句：「真係激到我死！」

同小思一道坐地鐵離去，她比我早下車。目送這位肩背有點佝僂的新亞弟子步出車廂，踽踽而行。車窗外的景物開始快速地向後滑動，她的身影也在瞬間閃過，但卻留下了一堆大問號：為甚麼會去鼓勵、扶持一個和自己毫不相干的後輩？為甚麼會義不容辭地為病危的老朋友出書？為甚麼要把辛苦積累了幾十年的寶貝，捐給母校？為甚麼退休多年，還努力不懈地為香港的文壇留下紀錄？這一切，跟她的師承、受教，有甚麼內在的聯繫？

終於，在她寫的《承教小記》和《一生承教》書中，找到了答案。

精神力量的源泉

小思寫道，中國青年黨領袖左舜生「對中國前途的樂觀和對民族的信心」，堅定得令她吃驚；小學校長莫儉溥「在小孩子心中，撒下德智體群美的種子」，令小學五六年級的她「已經知道巴金、茅盾、冰心、朱自清、魯迅、蕭紅」；曾履川教她「學懂了『詩』」；唐君毅教曉她的是「他那種悲天憫人、全身投入的哲者而帶詩化的情操」，「待人以恕，熱愛中國文化」；錢穆植根在她思想裏的是「人之尊、心之靈，廣大出胸襟」，「為

而不有，能『捨』所愛」；馮康侯的「學無止境」、「修養心性」；任國榮令她認識「科學理念」，鼓勵她寫作投稿；嚴師莫敦梅校長的責罵，讓她銘記「誠敬、禮儀」；陸錫賢教訓她要有自信，令她畢生受用。還有香港掌故專家高伯雨、梁濤（筆名：魯金）……

她除了親炙老師的教誨，還從先哲和後輩的言行中吸取養分。提倡學術獨立、思想自由的北大校長蔡元培，令學生「養成以關心國家民族興亡為己任的宏志」；豐子愷「對天地間無私的愛心，對人和事求真善美的態度」；陶行知「千教萬教教人求真，千學萬學學做真人」；魯迅「給後輩朋友覆信之快，和措詞的親切細心」；還有八仙嶺大火中捨身救學生的王秀媚、周志齊兩位老師。

小思曾留學日本。對日本軍國主義陰魂不散、竄改歷史，她切齒痛恨。但目睹京都的學者認真做學問，編索引做目錄，她忍不住批評：「香港某些學府，自己既不做，連用錢購置一套好來方便眾生也不做，真不知道作何打算！」她慨歎：「香港，一個沒有歷史感的城市！」

我終於找到的答案是：小思把上半生承教的豐富內涵，化作自己行動的指南。她不是為了某個個人。任何傳承歷史、為中華文化保留一縷香火的努力，她都樂意去為其敲鑼打鼓，吶

喊助威。而她自己早已為此付出了最多的心力，並且取得了豐碩的成果。

在二〇一一年的書展，看見了一批由她主編的香港文學叢書，涵蓋五六十年代幾位香港作家 —— 十三妹、經紀拉、司明、懵人日記的專欄結集，以及都市故事選。到今年年底，可望讀到她的香港文學口述歷史文集。

不久前度過百歲壽辰的楊絳先生（錢鍾書遺孀）三年前寫過一本書 ——《站在人生邊上》。

這位「向後看，探索人生的價值」的睿智老人，從佛家歸納了「助人得福，功德無量」，從基督教領悟了「慈悲」、「博愛眾庶」，還從蘇格拉底吸取了「堅信絕對的真、善、美、公正等道德概念」。當小思讀到楊絳的大文時，想必別有一番滋味在心頭。

自問一向頑劣反叛，沒有任何師承、對某某人執弟子禮的感受。料不到人到中年，卻遇到一位言傳身教的良師。不管她願不願意收我為徒，我都祝願年齡僅過古稀的她，能像楊絳那樣，健康長壽！健筆如飛！

原載於《明報》「寫讀情緣」專欄，二〇一一年九月四日

中大如何踏出下一步？

周保松

　　中文大學一向重視大學精神。單是新亞，創校迄今，談書院精神的文獻，便有厚厚一冊。錢穆先生曾說過，談一所學校的精神，最主要是看學生顯露的氣象，呈現的風度與格調，因為學生才是大學的主體。一校有一校的氣象，因為一校有一校的理想和關懷。這些關懷會感染學生，並影響一所大學的方向。我認為，中大四十年，最可貴可愛，最值得珍而重之的，是中大師生持之以恆的自我反省、關懷社會，並願意為理想付出的精神。這種精神，孕育了中大人的氣象，譜寫了中大的歷史。

　　我的說法，有史為證。

　　中大一九六三年成立之初，原意是仿效牛津劍橋的書院制，建一所為中國人而立的聯邦制大學。新亞、崇基及聯合三所書院，保持原來特色，推行博雅教育，實踐「經師」與「人師」合一的導師制。很可惜，一九七六年立法局通過〈新富爾敦報

告書〉，將行政大權收歸大學中央，聯邦制從此消亡。新亞及崇基師生曾提出強烈反對，並和贊成改制的李卓敏校長力辯，又上書港督及立法局。事情失敗後，以錢穆及唐君毅諸先生為首的九位新亞校董，乃集體辭職以示抗議，並沉痛宣稱，「同人等過去慘澹經營新亞書院以及參加創設與發展中文大學所抱之教育理想，將不能實現。」是非功罪，今日難評。但為了堅持教育理念，奮起抗爭，由此可見一斑。

反對四改三是另一例子。一九七八年，政府要求中大由四年制改為三年制，遭到全校師生強烈反對，二千多人在百萬大道集會，群情激憤。十年後政府捲土重來，三千多中大人再次群起抗議，齊心護校。結果中大敵不過政府，先是改為彈性學分制，繼而變為三年制。三年制對中大的打擊極為明顯，因為這對學生的全面發展，影響極大。而中大強調的博雅教育和通識教育的理念，亦難以為繼。

中大學生參與社會的歷史同樣悠久。早在一九六六年的天星小輪事件，崇基學生會已發表聲明，反對加價。一九七〇年，三書院學生會積極參與爭取中文成為法定語文運動。一九七一年保衛釣魚台運動，中大學生全情投入，並有學生在七·七維園示威遭警方拘捕。一九七七年金禧中學事件，中大學生利用暑假，在大學為金禧中學的學生，舉辦了別開生面的

補課班。

到了八十年代初，中英就香港前途問題開始談判。當戴卓爾夫人在北京跌了一跤，跌得香港人心惶惶之際，在啟德機場迎接她的，是十多個「反對三條不平等條約」的中大學生。其後，中大學生會率先提出民族回歸、民主改革，並聯同其他院校學生會，先後去信戴卓爾夫人及趙紫陽總理，要求港人治港。其後二十年的社會運動，更有數不清的中大人參與其中。例如積極參與香港政制發展的討論、反對興建大亞灣核電廠、反對政府修訂公安法、支持八‧六及八‧九中國民運、抗議高錕校長出任港事顧問、反對臨時立法會、反對人大就居港權事件釋法等等。由此可見，新亞聯合水塔下的中大從來不是象牙塔，中大學生的社會關懷，陶鑄了中大人的格調。

而在校園之內，中大人多年來也對本身的文化及價值觀作出強烈批判。這方面的文章，可以編成好幾大冊。李歐梵在七十年代初便已公開批評：「我至今在中大任教已近一年半，卻始終體會不到中大有甚麼精神或理想，除了『中西文化交流』等的大口號和一幢幢的新大樓之外，中大似乎只是馬料水山頂的一個大官僚機構。」而劉美美在七一年保釣事件後寫下的名篇〈哭新亞〉，便哀嘆「新亞精神已死，這是誰也不能否認的悲劇」，並大力批評錢穆以降的新亞老師，但求明哲保身，對被

捕學生不加聲援。連一向溫柔敦厚的小思，也曾不禁反覆低問：「我們呢？幾十年在這小島上，安頓無憂，成家立業，手中物一天一天多起來，名和利一年復一年把人纏得緊。我們擁抱着屬於自己的東西，我們的情只為個人牽繫，我們的淚只為個人得失而流。過於珍惜自己，人自然變得老謀深算，再沒有青春氣息。這樣，如何能挑動千斤擔？如何結得成隊向前行？」而吳瑞卿校友在《信報月刊》九月號一個有關中大四十年的專題文章中，對於母校的未來發展，以愛切責深的心情，寫下以下忠告：「在港英殖民政府統治之下，標榜傳揚中國民族文化的中文大學在逆境中成立和發展，可是在香港回歸祖國之後，將來我們會有一家『國際』的『超級』大學，卻連一家以宏揚中國文化為理想的大學都沒有了。」

當然，還有那令人莞爾的「去死吧」系列。就我所知，最少便有〈去死吧！CU 仔〉、〈吃人的『新亞精神』去死吧！〉、〈工管同學，我們還是去死吧！〉等。這些文章用挖苦諷刺的筆調，對四仔主義（車仔、帽仔、屋仔、老婆仔）及書院精神作出強烈批評。至於范克廉樓的大字報，更是中大非常亮麗的一道風景。除了發言為文，中大人還踐之履之。不少人應還記得，十年前的中大三十年開放日，便有學生在百萬大道上拉起橫額，大力反對開放日。中大人三年前聯署反對頒發榮譽學位

給李光耀，以及去年有同學站出來公開質疑迎新營的淫穢口號，則是最近的例子。

在一般人看來，這些言辭或嫌過激，行動或嫌過狂。但我覺得，這種自省批判恰恰是一所大學最為需要的。沒有這種精神，學生便不可能看到生命的各種可能性，難以發展他們的個性與格調，並在活潑的討論和具體的實踐中，明辨是非，豐富校園文化，挑戰社會各種不公義現象。只有一所僵化的大學，才會不能包容，害怕衝擊。

我所理解的中大精神，不見得人人認同。甚或有人會說，這至多是一小撮人的理想，現實中的中大，更多的是醜陋和妥協，冷漠和平庸。我無意美化中大。只是回首校史，加上個人一些體會，我真切覺得，中大人確有這樣一番氣象。退一步，即使這種氣象愈來愈稀疏淡薄，這種自我批判及關懷社會的精神，依然是我們寶貴的傳統，值得我們好好珍惜。而發揚這種精神，需要很強的人文關懷，並對人類及民族的生存境況，尤其是弱者的處境，有一份惻隱關矜之情；需要無間的師生關係，言傳身教；需要自由多元的學術環境，容許學生個性得到充分發展；更需要大學不是職業訓練所，而是新亞學規所稱的「做人的最高基礎在求學，求學之最高旨趣在做人」。

要做到這些，教育便不能只是一種商品。中大精神面對

的最大挑戰，正是教育商品化日漸成為香港教育的主流意識形態。商品化的最大問題，用馬克思的說法，是金錢將很多事物的內在價值腐蝕了，將我們的人際關係非人化了。它會令得師生關係變質，學術的自足價值被貶抑。而當學生漸漸將讀書內化為一項商業投資，便會愈來愈精打細算，不再對嚴肅的學術問題感到好奇困惑，更不會花時間參與一些於就業前途「無益」的活動。我擔心，商品化會磨平我們的傳統，消減我們的想像力，化解我們的個性，將中大變成一所「單向度的大學」，並將中大艱苦經營的一點點氣象，慢慢侵蝕。事實上，近年中大已愈來愈少奇人怪人，大字報愈來愈稀落，校園愈來愈沉寂。剩下的，是每個人都在盤算如何以最低成本，最短時間，獲得最大的經濟效益。

當然，一所大學的發展及其所呈現出來的氣象，受很多因素影響。尤其作為一所由政府資助的大學，面對香港目前的政治社會及經濟的困境，我們似乎更難抽離於歷史條件的限制，討論大學的理念。

但我卻覺得，正正由於面對各種前所未有的挑戰和限制，我們才更有必要從理念和價值的層次，好好思考中大的未來：中大到底想要變成怎樣的大學？培養怎樣的人才？在香港（以至中國）逐步走向現代化民主化的過程中，中大可以扮演甚麼

角色?而面對全球化（經濟文化教育等等）的挑戰，我們又該如何應對？中大傳統的教育理想，例如雙語教育、通才教育、書院教育，以至溝通中西文化、建設中國文化等，有多少已經名存實亡，又有多少仍然值得我們珍惜發揚？而近年大力鼓吹的國際化、世界一流等，其內涵是甚麼？我們又需要為這些目標付出甚麼代價？我覺得這些問題，值得大家一起思考討論。四十年校慶，我們當然可以懷之緬之，歌之頌之。但更重要的，也許是我們一起利用這個機會，整理我們的傳統，檢視我們的理念，審察我們面對的各種困難和挑戰，好好思索一下中大應該如何走下去。

原載於《明報》世紀版，二〇〇三年九月十八日
轉載於《新亞生活月刊》第三十一卷第二期，二〇〇三年十月

《人生之體驗》讀後

許兆理

在我曾經讀過的書中，我想：最使我感動的該是「人生之體驗」這本書了。在去年的寒假裏，乘着假日空暇，我一口氣讀完了這本書。看過了一次，覺得意猶未盡，於是從頭再看一遍，感動更深。對於特別精警的句子，我都用紅筆圈起來，以便日後再看時的方便。

我一向愛在深夜讀書，因為深夜讀書別有妙趣；而這本書，我覺得更應該在深夜讀，方能真正領略到書中一語半字都包涵着許多真理。自己朝夕縈思不解的問題，卻在書中得到滿意的答覆；自己平日只知其然而不知其所以然的事理，現在都明白其所以然。這該是何等快樂的事，同時書中常能在短短一二語間，使你沉潛入於深思，從而啟發你人生的路向。以下我將闡述我讀這本書各部分的感想：

在導言附錄裏，唐先生所感到的人生問題，也就是我平日苦苦思索不得其解的問題，我自知筆拙，言不能表心曲，故往

往在若有所思時，但執起筆來又不知從何寫起；而這篇導言，把我平日若有所思而無法表達的都和盤托出，所以我讀這篇導言時，心中最得融釋之樂。

例如書中：「吾與吾相知相愛之人，均若來自遠方各地赴會之會員，暫時於開會時，相與歡笑；然會場一散，則又各乘車登船，望八方而馳。」就這幾句話，道盡了人生化化生生的一切。又曰：「吾念古人中，多關於宇宙人生之歎，吾今之所歎，正多與古人相契。然古人不必知在若干年後，如是時，有如是之我，作如是念，與之相契也。在數千百年後，如吾之文得傳於世，亦可有一人與吾有同一之感觸，與吾此時之心相契。然其心與吾之心相契，彼知之，我亦不必能知其相契與否也。」於此，我才恍然悟到人是這樣寂寞的。在書中第一部「生活之肯定」，給我最多關於人生的啟示。在此之前，我對人生的認識，似是很清晰，其實，仍迷惑。但讀了這部，我得了解答；我對人生有更真切的認識，我對生活更加予以肯定。現在我將精警的句語寫了下來：

「人類靈魂最高的幸福，是他的寧靜。」「在寧靜中，你的思想情緒，在他的自身安住。」「在寧靜中，你的性靈生活，在默默的生息。」於此，我深深體會到寧靜生活底幸福。

「在群眾中，你生活於當時的時代；在孤獨中，你生活於

所有的時代。」在此以前，我只知識人群噪雜，而愛一人獨處，但我對孤獨時的好處，仍未了了；現在我明白了，與人共處時，我們須處處顧慮到別人的興趣、偏好和特性，我們不能毫無忌憚，隨意所之地做自己愛做的事。但當一人獨處時，思想任意所之，縱橫無阻，可以與古往今來的人物神交默契，這不是一種極好的性靈上的享受嗎？

「人心靈之深度，與他忍受痛苦之量成正比。」我不再懊惱了，因我知道我所受的苦痛實際上已得到它應得的應酬。我苦痛時，我不斷想方法去企圖解決這苦痛，在這過程中，我因工作而忘記了自身的存在，在工作中，我找到真正的快樂。

「你羨妒他人，因為你是你自己，而又想同他人一樣；你自己做出內在的矛盾，你才產生了羨妒。」是的，羨妒是出自美滿幸福的要求，他們羨妒富人，因他們以為有錢就可以滿足，然而當他們真是有錢起來，他們又不滿足了；慾望在引誘人們，追求無盡的慾望，其結果是心靈的愈形空虛。我們求幸福，求滿足，該從內心去求，從工作去求；這樣，我們便永遠不須羨妒他人。

「一度存在過的東西，它是永遠存在的。」

我不再捕捉過去生活虛無的影像；我不再傷懷時光的逝去和舊時伴侶的倩影。我把過去的生活影像，作為空暇時低徊尋

味的享受；現在的我像台下的觀眾，細細的欣賞從前的我一幕一幕底表演，時而為劇中人的遭遇惋惜，不禁低徊往復；時而對主角之笨鈍無知嘲笑；時而憎恨周遭人物之可怕。從此，我對過去，僅抱一種欣賞態度，而少以悲傷之情出之。

「在疾病中，你精神之渣滓，隨疾病而傾瀉了。」從前我常覺得生、老、病、死，為人生難免之苦痛。尤其對疾病更是恐懼。然而我不了解疾病在另一意義上的價值。疾病賜予我們痛苦，使我們向外之精神，回復而凝注於身體中，使我們感到一種束縛，因而我們的精神，在病中不斷革新他自己，不斷充實他自己：因此在病後，我們常感到一新生命力之開始。

「生離死別，千古同悲。」我曾經信這句話。古今不朽之詩歌小說，類多以描寫離別死生之痛為高；其實，離別與死之在人生意義上，另有其價值。「離別」把我們和所親愛之人隔絕；然而，離別愈久，情感愈豐，由此所奏出的心曲，亦愈高雅可貴。

以上是我讀本書中第一部「生活之肯定」之一點心得。今將唐先生在第一部末之結語錄作為結束：

科學哲學實現真，藝術文學實現美，道德教育實現善或愛，宗教實現神聖，政治實現國家中的和諧，經濟當實現一種社會的公平，以及飲食男女名譽權位之要求。這些都本於一種

價值實現之要求。

你必需以價值觀念，支配你的生活；你當自實現價值處去看人間社會；你當使你之日常生活充滿價值之實現，以豐富你的生活，完成你的人格。

原載於《新亞生活雙周刊》第四卷第二期，一九六一年七月三日

藝術系系徽的意義

李潤桓

　　藝術系系徽的籌備工作，已有兩年多了，直至本月十八日始正式完成和啟用。本來像系徽這樣重大的事，是不應該如此拖延的。幸好這系徽此時製就，尚趕得上送與本系應屆畢業同學，作為紀念品；因其設計，是足以代表本系精神的。

　　系徽的圖案，是取材於〈十鐘山房印舉〉所載的一個漢代鹿形的肖形印。這個肖形印，顯得相當古樸、單純，而又充滿生命力。重、大、拙三個條件兼而有之。這些都是我們認為滿意的地方。至於為甚麼我們要用鹿來作為系徽，讓我簡單地申述如下：

　　鹿之本性是溫馴的、和平的、靈敏的、堅強的、合群的；其本身對人類有貢獻價值的。就藝術上的三大目的「真」「善」「美」來說，鹿完全具備了。「真」，當然是指赤子之心，真誠無機巧奸詐的意思。在鹿，牠不似狐狸那麼狡猾，沒有虎豹那樣凶暴。牠好比虔誠的修道者，游息於無拘束的原野，寧靜安

閒地託身於大自然。牠具有靈敏的四肢，機警的聽覺、嗅覺；這正表示人在行為、學術上能辨別是非、真偽、優劣，從而有擇善而固執的精神。為了自衛，牠那勇武的角，也會堅強地奮鬥。在冰天雪地中，忍饑受寒，毫無懼色。雖然在動物中，牠只是受欺凌或戰敗者。但這正好像有所不為的君子：不願有不擇手段的勝利，或毫無廉恥的生存；不願奴顏婢膝，屈服於權勢之下；寧願犧牲自己，也不願血腥了雙手；更不肯誣妄古人，遺害天下後世。牠好似殉道者般，只是奉獻自己，追尋至真、至善、至美；在天地間安詳和平的生活着，服膺於自然的道。我想：這精神，應和孔子說的「君子志於道，據於德，依於仁，游於藝」與及「吾與點也」的志向是一貫相合而不背馳的吧！《詩・小雅・鹿鳴》：「呦呦鹿鳴，食野之蘋」。傳曰：「鹿得蘋，呦呦然鳴，而相呼懇誠。」這一點，亦可引申為「如切如磋，如琢如磨」，不是一己的自私自利，而是共同探討鑽研之義了。

　　從文化立場上說，鹿和人類文化發生關係亦很早：遠在第四紀的時候，原始人已將牠作為繪畫的題材；現在英國不列顛博物館中，尚存有一 Andre 石片，上刻一隻奔鹿，動作非常逼真；而在 Saint German 博物館中，藏有一塊刻在洞楣上的牡鹿群，向前奔跑，最後一隻好像在回頭觀看牠的小鹿，表情極為

生動。由這些原始石刻，可見當時鹿對人類生活的感染以及人類對牠的愛好了。而在中國現存實物商代甲骨文中，即已有鹿字；又有以文字刻在鹿頭骨上的。《史記·黃帝本紀》：「與蚩尤戰於涿鹿之野」，以鹿名地：「逐鹿中原」，以鹿代表天下；漢代又有以鹿皮作貨幣者。由此亦可見鹿於先民文化生活中，實在是很密切的。

在具體價值上來說，鹿的全身，是完全奉獻於人類的。從鹿角至鹿尾，都是有用的東西；特別是鹿茸和鹿尾巴，更是國藥中貴重的補品；而鹿皮巾，又是古代隱者所服的冠冕。

鹿對人的貢獻，可比一個真正的藝術家，完全奉獻自己在藝術事業上。他在物質世界中，可能受到冷嘲、熱諷，或者更遭到嚴酷的際遇。然而藝術家常無聲的接受，堅強地奮鬥，沉默地促進人類文化的活動，帶領到至真、至善、至美的境界中。這是「士」的精神，這人是文化持續者。本系各同學所服膺的也該在此。而本系系徽以鹿作標記的意義，即基於此。曾子曰：「士不可以不弘毅，任重而道遠」，其共勉諸！

原載於《新亞生活雙周刊》第六卷第三期，一九六三年六月十四日

物是貓非 —— 悼念「志文貓」

孟　瀟

陪伴新亞人七年之久的「志文之寶」—— 志文貓，不幸在一個淒風冷雨的夜晚永遠地離開了我們。

我們很悲痛，懷疑志文貓死於野狗之手。但是大家更願意相信，「一到夏天就失魂落魄」的志文貓是因為太捨不得剛剛畢業的學長們，才跟他們一起離開了新亞，離開了中大，離開了我們……

志文樓舍監馮統照先生親自為志文貓撰寫訃文，在志文貓生前常活動的地方放上照片和鮮花，供來來往往的愛貓之人憑弔。

中大，尤其是新亞的校友們也紛紛在網上發帖，為志文貓設立了「網上靈堂」，悼念這只陪伴很多人成長的貓兒。

以下是一些校友們對志文貓滿懷深情的留戀和惜別：

「樓下有一貓，每於草叢間出沒。毛色黃白相間，甚溫順。既不知其所從，亦不知其將往何處。但見晨昏之時，伏於梯上，似有所等。眾人皆愛之憐之，飼之以食。偶撫之，意甚愜。一人問曰：何以逡巡不去？吾笑答：貓之樂，自在其中耳。若浮生如貓，唯求簡單快樂，則幸矣。貓，得樓之名而謂志文。」

「見到你卷埋一團個個樣又肥又金黃好似炸蟹鉗。」

「我記得你站在志文斜坡上看日落的樣子，那時我就覺得你在思考着一些深邃之思。你看着那日落的背影讓我覺得你有點落寞，讓我覺得你平日忽冷忽熱的態度正是要掩飾這種心情。」

「剛過的宿舍生活裏，在志文梯來來回回，每逢看見志文貓總會喵她，她乖乖的被撫摸，我們喵來喵往，不亦樂乎。有時她欲拒還迎，一邊迴避我一邊喵我，眼神藕斷絲連。」

「很多個早上，志文貓也目送我走……看見他總是在遙望海景，伸伸懶腰，很寫意的樣子！冬天時，他總會在陽光下打滾～好可愛呀！」

「還記得住宿舍的時候，天天經過志文貓的竇口，那暖暖的籃，有被、有公仔……過時過節佢牀頭仲有揮春添！」

「從二〇五的窗望出去，都會見到你懶洋洋的睡覺，從那時開始，就愛上你。其後搬到紫霞，但每當走過志文梯，都會找尋你的蹤影，學舍監「攝攝」聲呼喚你，跟你喵喵、揉你的頭、頸、肚，玩打架、被你抓傷，拍你打蛇片段（真的拍打在渠裏的蛇，我找到後 post 上網給各位），給你影沙龍……還有很多回憶，尤其是你總會在我傷心的時候『戀』我的腳。」

「永遠懷念志文貓陪伴我渡過了三年精彩的大學生活；志文貓看着我走進大學、走進迎新營、走進新亞，又看着我穿起畢業袍，離開新亞，離開大學……」

「但願你只是離家出走了。如果他們說的你的故事是真的話，那真太令人傷心了。還記得每次回紫霞都逗你玩，抱起你，還幫你拍照，做手提的 wallpaper……我相信每一個住新亞的人都寵你，真的。」

「我們這一屆宿生會要畢業離開了，你也跟着離開！我們的志文貓，你最可愛最靚仔最懶洋洋的一面永遠會藏在我們

的心底。記得嗎？有年春茗有個寫揮春活動，你家的牆上貼了張『貓肥屋潤』。看，志文的宿生有多疼惜你。我也很愛你的。縱然你的生命完結了，你給我們的回憶卻是天長地久的。（我趁你睡得最甜時偷影了你，這張相是你留給我的。）永遠懷念你，我們的志文貓。」

　　原載於《新亞生活月刊》第三十四卷第一期，二〇〇六年九月

地

在校園內外、
本地海外的新亞人

導讀

蔡玄暉

這個秋天，大學校園沒有 Dem Beat，以前覺得它吵，霸佔各個角落，如今卻有點兒懷念了。沒有 Dem Beat 的新亞學生，在做甚麼呢？

五十年代，新亞的南洋學生超過六十多個，佔學生總數逾八分之一。他們遠離故土，來到新亞，為的是求學傳承中華文化。他們組成南洋學生會，工作重點依然是學習。

六十年代，新亞學生更關注人道主義。他們排演話劇，選擇《心猿》，只因其揭露了人道與人性的真諦；他們走出校園，切切實實地為村小學童修築水泥小徑；他們前往韓國參加世界大學服務會的活動，和來自世界各地的大學生一起生活一起勞作，深刻體味到中國人的身份。

七十年代初，〈新亞書院學生住宿問題統計表〉中可以看到學生願意住宿的比例在逐年下降，他們更願意呆在家裏而不是學校，是否是某種端倪呢？七十年代中，新亞所處的沙田大興土木，不知是禍是福，但七十年代末，新亞天文學會自製大望遠鏡，揮灑汗水讓我們看到新亞學生的刻苦堅韌。

來到了八十年代，當老師在新生營裏說起校歌「千斤擔子兩肩挑，趁青春結隊向前行」時，學生開始質疑說不應該把精神、理想強加在他們身上。可以說這是學生獨立精神的崛起，但聽來卻也頗為「蕭索而殘酷」。

拒絕了理想的新亞，更腳踏實地。大家在這方小土地裏細心耕耘，一起種地，一起發呆。這還是我們所珍重的新亞嗎？沒有 Dem Beat 的這個秋天，或許能讓我們安靜下來，好好思索。

南洋同學在新亞 海隅寄簡

翼　遙

化遠：

　　來信早收到了，恭喜！恭喜！你終於決定負笈北上，如願以償了。本想早些作覆，奈何案頭作業山積，日無暇晷。上次忙裏偷閒，先寄上幾幀校景照片，未便詳為介紹；這回無論如何，總得抽出時間，畫幾筆關於新亞南洋同學的生活速描，先給你一熟悉的輪廓，免得到港時，人地生疏，孤寂茫然，摸不着頭腦。

　　你知道，我是去年春季來港的，當時全院的南洋學生，只不過六七位，且大多數是青年商會保送來的獎學金學生。其後大家所表現的成績還相當可以，於是加強了院方向南洋擴大招生的信心，一個具體的招生計劃隨即推展到我們那邊。秋季始業時，各地的學子，遠渡重洋，紛紛而至；異地相逢，我們心情之興奮，你可想像。我在《新亞生活》第一卷第十二期，寫過一篇介紹南洋同學的短文，母校有一冊，你可檢出一看。

　　現在，全院的南洋同學，男男女女已超過六十人，佔學生

總數的八分之一以上，新亞也成為香港擁有南洋學生最多的高等學府。手頭適有現成的小統計，我不妨抄下：

原居地	男	女	共
沙勞越	二〇	三	二三
馬來亞	一七	五	二二
印尼	四	四	八
新加坡	四	二	六
北婆	三	/	三
合計	四八	一四	六二

六十二人中，攻讀哲教系者十九，商學十二，中文經濟各十，藝術四，歷史三，外文工管各二。這一統計，既是反映南洋各地高等教育的缺乏普遍，更可見我們南洋社會，還是以傳統的商業及教育事業為其重心，但學術文藝的研究風尚也似不冷淡。

人數多，不容分離散漫；種種的因素，也使我們有組織起來的必要。於是我們也像當今各地的獨立運動，組織政府的方式一樣，經過旬日的籌劃，便把南洋學生會搞起來。在諸位幹事的領導之下，積極地展開各項學術康樂活動：舉辦學術講座，學習小組；組織歌詠團、籃球、羽球、乒乓球隊等。各類球隊經常排練，向各系各級挑戰應戰，熱鬧非常。但活動不忘學業，我們也兼顧到自己的課業。為着學習上有所增益，南洋

學生會上學期曾初步統計第一次考試的中英文成績，以決定以後學習小組的工作重點。統計結果相當令人滿意，我們的中文水準，如我們所意料的，當然會低於這些孕育於中華文化的搖籃中的港澳同學，但也低不了多少；英文水準則似有「扐頭」之勢，但也高不了幾多。

我上面說過功課相當緊，並非故作虛言，有意拖欠「信債」。這裏的學風還很好，大家都在學問上下工夫，孜孜不息。教授又都是從前國內的名儒碩彥，學載五車；宗廟之美，百宮之富，唯恐目不暇給，力不隨心，哪敢嬉戲荒廢，空手而回。這群青年學子，他日學成南歸，將在文化的播揚發展上，有其重大的使命與深遠的意義。希望優秀的中華文化能隨着我們，進一步向南拓展其領域，與當地民族的傳統文化共冶於一爐。攝精去糠，建立一更新更光輝的文化生命。

寄給你的照片中，那座五層樓的建築物，便是校舍的正座。頂層是我們的宿舍，光線充足，視野無阻，香島之美，盡收眼底。下面是綠坪一頃，夾於圓亭與圖書館（此館規模之宏，藏書之富，香港各大專院校無有其匹）之間，晨昏漫步其中，欣賞朝嵐夕色，只覺心曠神怡；面對圖書館，尤感書味悠長！就在對面那塊曠地，你來時，也許可見到一座美輪美奐的新建築，巍然聳立其中了。前兩期的《新亞生活》，曾詳細介紹

這第二期的校舍建築計劃，請你翻開一讀。我們的日常生活，除了聽書唸書以外，另有一特色：每天上午約莫九點半鐘，大家 —— 這一群較為黝黑的同學 —— 總不約而同地擠滿校門口，朝向右邊那遠遠的街口望着，在等待着綠衣使者的降臨。這一情景，真像我們當年在焦候總督駕臨參觀一樣。故鄉飛鴻，所帶予客寄異邦的遊子的那種莫名的興奮，誠不能為外人道，等你自己來領會好了！

從這個小小的香島，向東、向南、向西看出去，極目南海，只見煙波茫茫，馬來半島，菲律賓，婆羅洲，宛若隱約其間。海水到處，遍地是炎黃之後。華夏文化，由黃河播展到江南，遙迢萬里，艱辛何似；今日且更越海南被，建樹輝煌。追思往昔，展望當前，不禁感慨萬千。我們將如何負起這一承繼發揚我們文化遺產的重任呢？如何與當地民族相提相攜，並肩奮鬥，進一步去建設這南國樂土呢？

最後一句：「君自故鄉來，應知故鄉事」，我們時時在盼望得到有關故鄉的消息，請你先行準備，免得屆時無詞以對。不寫了！再見。

五九年六月十九日於香港「新亞」

原載於《新亞生活雙周刊》第二卷第四期，一九五九年六月二十九日

一個故事

乃　文

這是一個故事。

一個年青，俊朗的飛行員在一次飛行駕駛中失事。他似乎很幸運，因為他沒有失去性命。可是他受傷了，成了一個半殘廢的人，需要整日坐在輪椅上，過着一種不是正常人的生活。

他本來有一個很幸福的家庭。他的媽媽是個慈祥、堅定而又通情達理的老婦人。他的弟弟，充滿年青人的活力，且具有健康，漂亮的條件。他在南洋經營龐大的事業，由於母親和哥哥的要求，才回到家裏，住上一個時間。他的嫂嫂 —— 即是飛行員的太太 —— 更是絕色的美人，儀態和學問，溫柔與順從，在在都足使這位受傷的飛行員作為生命的寄託；而她也確實深深地愛着她那位殘廢的丈夫。

還有，一位老成持重的家庭醫師，一位年輕負責的私家女看護在經常照顧着這位飛行員。由於相處日久，他們之間建立起了良好的友誼，且幾乎成為他家庭的一分子了。

一位已退休的律師 —— 他是飛行員的媽媽年青時的追求者 —— 偶爾到來聊聊天，喝喝酒。

以上是這個故事中的人物。

一個晚上，客廳裏，老太太正在打毛線，殘廢的飛行員和醫生在對奕中國象棋。律師突然來訪，他主要目的據說只是討一杯「威士忌」喝喝。他們在閒談，夜漸漸深了，本來到了飛行員的睡眠時間，但他卻破例的不肯入睡，他要等候美麗的妻子回來；原來是晚她在其丈夫要求下由小叔陪着去參加一個音樂會。

一個穿着入時而又雍容華貴的婦人出現了，她就是飛行員所企待的人兒。他問她有沒有到夜總會吃宵夜？她說：沒有；因為要趕着回家看他入睡。他倆親密地談論一些事物，陪她回來的小叔也跟醫生和律師聊天。

突然，美麗的婦人覺得暈眩，幾乎要倒在地上，他們把她放在沙發上休息。婦人說：這大概肚子餓的原故；所以小叔和護士便退入廚房弄些三文治給她吃。老太太和客人們此時也退出了客廳；因而只剩下飛行員兩夫婦。他倆輕輕地依偎着，互相傾訴着愛意，原來是晚是他倆訂婚紀念日。在談話中，飛行員有些激動，他說他覺得痛苦。因他浪費了她的青春，而不能盡愛護妻子的責任。她告訴他，她始終真誠地愛着他，過去的

愛尚有儲蓄，可以作為兩人今後一生的享受。他們輕輕拭去淚痕，然後放一首音樂唱片 ── 他們訂婚晚上所聽過的音樂。

老太太和醫生回到客廳了，飛行員的弟弟和護士端出「三文治」，他們吃過後，飛行員說疲倦，要睡覺了，於是由護士推着輪椅把他送入房裏。醫生也隨着入房替他作睡前之診視。

醫生回到客廳來對各人說：飛行員情況正常，只是情緒較平時激動些。

客人告辭了，老太太對媳婦說：不論將來怎樣，她着實感激媳婦的賢慧和孝順的精神。

老太太退出，客廳只剩下飛行員的太太。小叔送客回來，把客廳的燈光熄了，然後溫柔地擁抱着她。她說心裏很煩亂，他叫她放心，並說他倆應該走自己應走的道路……。

第二天早上，飛行員死亡的消息爆發了，醫生趕來証實他的死亡的。

但是，他是吃了過量的鎮靜劑而死亡的。鎮靜劑本來是放在盥洗室裏一個很高的箱子裏，他下半身既已殘廢，無論如何他自己是不能取下來吃的。同時，護士更大膽的肯定，這不是自殺。那麼，這是謀殺了；對，這是謀殺。誰殺死殘廢的飛行員呢？為甚麼要殺死這個殘廢的飛行員呢？是他的妻子殺死他嗎？她為甚麼要這樣幹呢？她應該這樣嗎？這是她深愛着的丈

夫啊！是他的弟弟殺死他嗎？他為甚麼要這樣幹呢？他應該這樣嗎？他是他骨肉兄弟啊！是護士殺死他嗎？她為甚麼要殺死他呢？是醫生殺死他嗎？他為甚麼要殺死他呢？是他的媽媽殺死他嗎？她怎可以這樣幹呢？她為甚麼要這樣幹呢？她應該這樣幹嗎？各位要知道，他是她深愛的兒子啊！

這是一個故事，但不是一個偵探故事。

告訴你，這是一個倫理、愛情和探討人性的故事。如果你知道結局之後（我不在這裏說出來），你會發覺有幾個值得思考的問題：

甚麼是道德的標準呢？

甚麼是人道主義呢？

我們的生命來自何處呢？那麼，誰有權利去裁判我們的生命呢？

甚麼是真正的愛？柏拉圖式的愛，是否適合現今的社會呢？

這個故事是毛罕的著名劇本。本校戲劇學會已定期三月廿七、廿八兩晚在禮堂演出，各位可以來觀看。但是問題的解答，有待於各位看完戲之後自己去決定。

原載於《新亞生活雙周刊》第七卷第十六期，一九六五年三月十二日

附錄：
我們選擇《心燄》這劇本的理由

雷浣茜

　　當我們的戲劇會決定作一次較大規模的演出時，我們所面對的第一個問題，就是選擇劇本的問題。目前香港戲劇界正陷於劇本荒之中，要選擇一理想的劇本並不是一件容易的事。當然，好劇本並不是絕對沒有，但考慮到我們本身的人力和物力時，那種人物太多，佈景太複雜的劇本，我們只得暫時捨棄；另一方面，過於庸俗和思想空洞的，我們也不願意採納。這就是忠實地基於純藝術的立場而演技尚未達到爐火純青的我們目前所遭遇到的困難。

　　提到立場，我得順帶說明一句：我們這次演出，固然是為了籌募本會（新亞戲劇學會）經費，以發展戲劇活動；但主要的目的，並不在於「賺錢」——我們是希望藉此機會，去表揚一些有社會價值、有藝術價值的健康文藝。同時，也藉此提高本會會員對於戲劇工作的愛好與發揚互助合作的精神。

我們戲劇學會成立的歷史雖短，會員們的演劇經驗也不多；但我們卻願意循着正宗的戲劇藝術邁進，決不願賣弄花巧，以自欺欺人。因此，劇本的選擇就更見困難。經過多方的尋求，我們終於找到理想的劇本了 —— 根據英國名作家毛罕（Somerset Maugham）名著改編的《心燄》，又名《神聖火燄》（*The Sacred Flame*），這便是我們所選擇的理想劇本。

　　《心燄》一劇之所以適合我們演出。完全因為它正好配合了我們的需要與條件，根據戲劇的「三一致定律」（The Theory of Three Unities），我們發現這劇本在時間上，是發生在一晚到翌午內；在空間上，三幕都限於一客廳中；在人物上，亦只有九個，而這九個人物所構成的主題，也貫徹如一。當然，我們並不是在鼓吹任何格律 —— 戲劇到了二十世紀的今日，是不應當受任何格律所束縛的 —— 我們只是說明，這三幕一景，人物簡單的劇本，正好配合了我們人力，物力所能應付的標準罷了。

　　《心燄》這劇本，不但配合了我們的需要；它的本身，也具有使人傾倒的魅力。它捨棄了善與惡、忠與奸、正與邪衝突的俗套，而代之以深厚的人道主義精神，和淋漓盡致的人性刻劃。在辛辣的諷刺及憐憫與同情的對比中，作者揭露了人性與人道的真諦。劇本故事雖然簡單，卻含有極深奧的哲理，加上

佈局周密，情節離奇，能緊緊地把握觀眾的情緒，在這方面，我們不能不欽佩作者用心的獨到。

作者先在第一幕中利用輕鬆的氣氛，介紹全劇本的人物。跟着，他更佈下危機和伏線，作為劇情發展與高潮的準備。從第二幕的疑團，發展到第三幕的結局，其間波濤起伏。當高潮迭起處，簡直使人透不過氣來；在主題呈現時，全劇顯露出一片光芒；看了，令人似置身於一團火燄中，那光輝照透了一切自私與卑鄙的陰暗面，使人不得不嘆為觀止！

總之，全劇在糾紛未解決之前，劇情是那麼緊張；在糾紛解決的時候，又是那麼離奇；到糾紛解決以後，更是那麼使人滿意。這就是作者實現了編劇技巧上的「三 S」（即 Suspense，Surprise，Satisfaction）的鐵證，真不愧為一本名家鉅著。

朋友，你希望知道這劇本怎樣使你懷疑，緊張和滿意嗎？請來看我們三月廿七、廿八日在本校所演的《心燄》吧！

原載於《新亞生活雙周刊》第七卷第十六期，一九六五年三月十二日

遊人記得高麗行

劉佩瓊

冒着滂沱的大雨下了飛機，心情十分興奮，在關卡立刻學會了一句韓國話：「襟衫喊滅打」（謝謝）。除了蘇仍然面色蒼白外，大家都好。我也覺得沒有了剛才飛機降落時的那種壓迫感，好快樂呀！面對着一個工作營，兩個月的流動生活。

李先生和崔先生帶我們坐「的士」到達漢城近市中心區的「黑井洞」——我們工作的地方。

這是一條小小的街道，附近除了一間大酒店和一所教堂外，其他都是矮小的房子。掛着的韓國字招牌，也是方塊形的。我們工作的地方，房子已經拆了，地上堆積着瓦石、木塊和半倒塌的牆垣。我們來早了，暫時被安置在旁邊的木房裏，睡的是軍用牀。從破舊的日本式窗戶望過去，便是世界大學服務會的圖書館，在那兒從早到晚都有學生在埋頭苦讀。

可咒詛的雨，還有那令人難受的「高麗香」（滿街都可嗅到的一種味道）。幸而第一天就認識了一位中國人，他是一

位在台大唸書的青年朋友，開始幾天，我們靠他那中國料理店所做的餃子充饑。現在才知道韓國食物的單調，每天都是Kimchi，一種用椰菜、黃瓜醃成的辣菜。我們吃不慣，覺得毫無味道，但韓國人卻很驕傲呢！美國軍隊化驗過這種菜，認其醃後仍然保持營養價值，因而大加讚賞。他們對食物作的方法也單調，絕對沒有煎、炒、蒸……那麼多名堂；不是生吃就是煨的了。

聽說漢江氾濫，江水高漲接近漢江大橋橋面，也浸過了房子，救亡工作四面展開。雨還是不停的下着……。我們出外，用的是價值港幣六角的雨傘，傘架傘柄全是竹片造的，傘面則以透明的膠布作成，穿上繩子及鐵線，大風一吹就反轉，用一次就散了；其好處是下雨隨時可買，不用費多的錢，用完丟了也不要緊。韓國傳統的服裝是長長的白紗衫裙，很不方便。大概因為是雨季，人們都穿靴子或者是前面尖起，只把腳趾套着的傳統膠鞋。我們在街上走，很容易被人認出是外國人來，有很多熱情的中學生、大學生走過來和我們交談。因為住的地方沒有浴室，需要到公共浴室去洗澡；這在韓國人是很平常的事，而我們卻過了很久才習慣。漢城，大過香港不知多少倍，但由其殘舊的外貌，與它那國都的地位看去，似乎不甚諧調，此是我這初到漢城者所得的印象。

在大雨中，我們把行李搬到附近東國大學的一座古老的殿堂去居住，躺在密排着的軍用牀上，面對着的就是高闊的屋頂。一張白布把男女宿舍隔開，屋後是倚山築成的露天浴室。這簡單的環境，是我們起初不曾意料到的；幸而我們此來，並不在享受。

韓國和美國的營友一齊抵達。美國人好像滿懷心事似的，原來他們有些同伴在釜山病倒了；大衞捧着一封信躺在牀上看了一小時有多，其他的有人在沉思，就是談笑也是言不由衷。韓國人很熱情，我們一下子就混熟了，互相介紹之下，便一起唱歌。其中一位曾給我畫了一張速寫，張着嘴巴笑；是的，我很快樂！

越南兩位朋友使人肅然起敬；為了他們國家的苦難，他們的勇敢。

第二天，幾個有關韓國文化的講座，聽的人很少；那位先生絕口不提中國與韓國文化的關係，那是我第一次體驗到他們民族自尊心的強烈。談教育的，又聲聲不離美國教育，又可看出他們對美國的崇仰。

工作營開始的第一天，大家都很起勁，「籃子」、「再來一鏟」之聲不絕於耳。那黑女班達唱着歌，好不開心呀！人們跟她熟絡了，尖着鼻子學她叫 "Chi！？" —— 一位南越營友的

名字。

　　第一天衝力太猛了，第二天便頹喪下來。新聞記者、攝影記者來採訪，其重點盡落在美國人身上。其實美國人工作並不起勁，所以也就孕育了不快。

　　日本人遲來了，他們給人的印象很好；只是有些韓國人因為政治上的原因不理他們。我們由是發現了侵略戰爭所留下的陰影。

　　往後是整個月的工作，好難過呀！工作分配得不好，根本就沒有計劃，把磚、泥沙從這裏搬到那裏，然後又鏟起轉上貨車，不知浪費了幾許的人力和時間。美國人大概因為語言上的方便吧，甚麼委員會總是由他們負責，他們便索性站着監工。很多人開始憤憤不平，大家都失去了工作的興趣，學着偷懶。有人在別人工作了一小時才施施然而來；更有人在工作半途中忽然失蹤了，但宿舍裏卻多了一個睡覺的人；女孩子的工作很多只是個樣子，她們化妝得天仙一般，穿着美麗的衣服，挽着手袋，怎忍心一下子弄髒了？例如班達，別看她是全營最高的，工作起來卻裝樣子，整天問時間。當然也有勤快的，例如越南的阿富、日本的岡田誠二。岡田誠二工作時弄傷了手指，指甲也掉了，卻並不肯停下來，十足顯出了日本人值得驕傲的地方。韓國的大金呢，挑選最重的石頭來搬，那被汗浸透了的

衣服，給人很深的印象。

　　由上午七時三十分至下午一時的工作挨過去了；下午疲倦得很，不是洗衣服就是睡覺。洗衣服也有麻煩，以韓國的生活程度來說，我們每日繳交的二元美金用費，是相當充裕的；想不到連肥皂、熨斗也沒有，只好把漿滿了泥的衣服拿到街上那間小店去洗。更難過的，是我們屢次提出要訂報紙，卻始終沒有着落；然主持工作營的印度尼頓先生，卻每天有兩份英文報紙。韓國不同香港，除火車站、市中心區之外；其他地方就不易見到報紙檔，因此，我們自己也無能為力。閱讀報紙是最易了解一個地方的，而我們卻失了這個機會。

　　大家熟絡了，便有節目，不是看電影就是上茶室。那兒茶室多之又多，但間間都擠滿了人；要上少許的飲品，任你在吵鬧的音樂聲中坐半天也無人干涉。不出外的，留在宿舍裏閒談、散步、寫信或唱歌，站着、坐在牀上或者地板上（是的，在韓國跟日本一樣，進房子要把鞋脫掉，所以地板很清潔）自由自在的唱，也是一件快事。有人對你說：「我喜歡你」，或者用「別扭」的中國話說：「我愛你！」都習慣了，一笑就過去；要是跟自己本國人這樣說，不肉麻死才怪！到那兒去找到這種隨便、輕鬆的調兒？是的，在這兒，大家很易成為朋友，大家都很隨便；但卻沒有保障——感情上的保障。歡笑中缺乏共

鳴，交談中缺乏了解，構成了心靈的真空。只有日本的榮子哭着說出來；其實誰沒有這種感覺呢！工作辛苦不要緊，但要痛快！物質不足不要緊，但要心靈的飽足！但願不久就把這種空虛的感覺打消。

家中來信，問及有沒有受水災影響；我心裏好笑，漢城不是香港，我還未見過漢江的影子呢！但是這封信給我讀了不知多少遍，就是歡喜。

到了外國，你才會體會自己是中國人，而且是每一時刻都會體會到自己是中國人。有些事情之發生會令你心痛，使你禁不住為中國流淚！但，這是題外話，以後再談吧！

在工作中固然有不愉快；但在宿舍裏，也不儘是太平的：美國人習慣了民主、開會、服從多數；他們堅持照規矩十時半熄燈，不許人再吵；韓國人，或者說東方人愛說興致、情調，玩得開心了，管你甚麼規矩，於是衝突又發生了 —— 偏偏在宿舍門口吵，由此又見到東西文化的差異。

在日韓協定問題正熾的時候，營中不免也嗅到了反日的氣氛，最低限度有兩次出現了衝突，例如韓國人拒絕唱日本歌等等。很容易看出這是民族間的，而不是私人間的問題。事情過後，曾看見兩個日韓營友相對飲泣；這是民族感的負擔，戰爭和侵略者的遺禍與個人情感不相容、壓迫出來的熱淚啊！

星期六是歡樂的日子，我們參觀過幾家大學、皇宮及韓戰殉難軍人的墳地——國家墓場——三個山頭盡是整齊的墓碑。數天後，我們又眼見李承晚的遺體安葬在那兒，在萬人洶湧中這位功敗垂成的英雄的下場又給人一無限的感慨。我們也到過板門店，南北韓談判的地方，曾站在三八線上，這些都給人一深刻的印象。

工作情緒的低落，使尼頓先生不得不安排一個檢討會，由大家重新選出各委員會（膳食、工作、娛樂等）的委員。這樣，情形總算改善了些，在工作上，在組長有效的指揮下，大家都振作起來，一反原來那種一時找不到工作做，一時又做得太吃力的弊病。工作的程序也好了些。

經過了三星期的相處，感情也漸漸的滋長起來。我們也已經習慣了「班達」的尖嗓子，小金的傻氣，「達賴喇嘛一世」的作狀，「女茂里」的濃妝；想起分離的日子已經不遠，就恨不得多看他們幾眼，多留在宿舍傾談一時。到最後的一星期，大家都很晚才去睡。

男孩子更多事，他們組織了一個 Special Committee，深夜才開會；據說是交換各國文化知識。天曉得他們實在怎麼攪的！有一次，已經是睡眠的時間，他們盡在吵，學貓叫、狗叫。第二天早上，女孩子們在美國女領導之下，全部遲到半小時表

示抗議。結果，他們被尼頓先生訓斥了一頓，嘻！嘻！

最後的一星期的一個早上更妙，大家不約而同的淘氣起來，躺着不肯起牀。八時左右，尼頓先生打電話上來，「許」聽電話，我們屏息聽他回答說：「我不知道為甚麼，請不要問我！」於是，整個宿舍爆發出笑聲。這天，尼頓先生沉默、很少說話。

營中的人，各有各的特點，也各有不少的趣事。就說一件關於香港人的吧！我們見韓國人弄的食物那麼單調，想顯顯本領，做「白切雞」給他們吃。吃飯時，先來的人要的很多，後來的人就不要了；我們覺得奇怪，自己嚐嚐，發覺它比橡皮還要韌，當場面無表情！

離別是不可免的，不論這個工作營帶給我們的是快樂還是悲哀，但畢竟是為時一個月的相處；營中的人固不必說，營外人的熱情和友誼也令人難忘。惜別會的狂情，互贈禮物的心意，深夜的詳談，終於漢城火車站的最後一瞥，都帶下了不少的眼淚、嘆息。美國人乘飛機先走，日本、南越、香港和幾位韓國朋友同作南下旅行。

這次旅行的節目安排得實在太胡塗：在慶州住了一夜，匆匆欣賞它的霧色又起程；到達釜山，住在沙灘旁的一間旅館中，也沒有別的節目，就打發了兩日時光。我們哪兒耐得住？

結果自己進城，按圖遊玩去了。

又是一個車站，這是釜山車站。沿途在巴士上大家已經含着淚握別。誰說男子不流淚！他們更不能自制，在車站，更有相擁啜泣的。別矣，韓國！

帶着四十日的夢，和受過鍛鍊的心，乘着「阿里郎」號直駛日本。「來也匆匆，去也匆匆」的去經歷另一個國度的風土人情。

原載於《新亞生活雙周刊》第八卷第十一期，一九六五年十二月十七日

那兒有一條路
── 本校社會服務團工作營雜感

郭勳亮

　　細細的算起來，我參加工作營已是第五個年頭了。五年來，先後參加的工作營不下二十個之多。當然，使我感到最滿意的，莫過於今夏由本校「學生社會服務團」所首次主辦的工作營了。

由籌備到入營

　　社會服務團主辦這次工作營的目的，是希望同學在工作中鍛鍊體格、訓練思考、增進經驗，使大學生在社會中能切切實實的做一點工作；令大學生知道自己是社會中的大學生，而不是在大學裏的大學生。雖然大家都是破題兒的第一遭由自己親自籌備，由自己親自領導的去做，經驗十分有限；然而大家都本着「艱險我奮進」的精神，從三月左右開始籌辦，到七月中

順利舉行；期中得到社會福利署、深水埗社區發展主任、大埔理民府及賽馬會的協助，解決了營地、用具、材料及財政等問題，工程始告開展。

營內風光

那兒是一個好地方，離上水不遠，介乎蓮塘尾村與蕉徑村之間，有一所鄉村小學叫建德公學。我們的居所就在這學校裏。我們的工作是建築兩條水泥小徑，俾蓮塘尾與蕉徑的學童上學時不必翻草叢、越泥濘。

我剛從日本飛回港，次日就立即入營。當時，工作已開始三天，小路的路坯大致已經造好，略事修葺後便可「開槽」填上混凝土。混凝土是由一分水泥、三分沙加五分石子所組成。材料傾入木製的水泥槽內，要經過最少兩次的翻動，才能把它混和。加水之後，還要翻動二至三次，才可以完工。工作營內並沒有混凝土機；因此，一切的工作，須用我們的手，一鏟一鍬的去做。混好了，便將它放在路坯的木框內；待一日後，混凝土乾了，把木框拆掉就成了。補充一句，木框也是要我們自己預先釘上去的。還有一點，材料離工地不近，需要半數的人力去將它搬運到工地。這樣，一來一回，開一槽水泥，大概要

二十分鐘的光景，而結果呢？僅可以鋪三呎闊的水泥路三呎半遠左右。

整個工作營最感到遺憾的，是參加的人委實是太少了。有好幾天，全營只有七八個人；人最多的一天，達三十多至四十人。在這個情況之下，工程的進行甚感困難；譬如，正式開混凝土的第一天，我們只能鋪上七呎遠的路面。此後數天，手熟了，每日可建三四十呎。因之。在十日之內，我們僅能完成目標的一半──也就是說，我們只能完成了一條二百四十呎的小路。在築路當中，每個人都有他的職務，一來視個人體力大小而做適當的工作，二來可以駕輕就熟，提高工作效率。

以上所說的工程部分，主要的腳色是由男同學擔當；而女同學的主要任務則是燒飯。有時，女同學的人數多了，十多個人燒一頓飯；有時，女同學都出了營，一日三餐便全無着落，只好去光顧上水的源園酒家。這一來，金錢損失不在話下，時間的損失卻最慘了。

康樂情形

現在再來談談康樂的情形。在營友們朝夕相對的情形下，人與人的接觸多了，了解跟着加深；因互相了解而互相取笑是

常有的事；營內大部分的營友都因其性情、形狀和工作的範圍而被加上綽號。有風趣的，有刻薄的；更有些廣東方言的綽號，只可講，而不可寫。總之，花樣之多，想像之精，不能筆錄。最悲慘（或者最可笑）的，回校之後，那些綽號一樣的風行；旁人莫明，叫者樂壞，被叫者唯有暗暗叫苦。營中尚有好事者，搬出不鹹不淡的台山兼順德混合話，姑且叫它做蕉徑土話吧。說來字字奇怪，句句新鮮，而且說者裝腔作勢，自以為是，使營友大為捧腹，平添營中不少樂趣。並且，此種特製土話返校後現仍流行，因說者講順了口，不能改口。靈通人士，可打探打探一下，領略個中滋味。

營中較正經的康樂活動，莫過於招待村民的那兩次晚會。第一次是電影招待，由美國新聞處借來幾套粵語電影，甚麼美國風光、太空人登月、注意衛生等等。在黑漆漆的郊外晚上，招待了百多二百村民（大半是小孩）。筆者那天晚上剛好吃了一瓶「肥仔水」（啤酒）。已經滿天星斗，那還管得你月亮不月亮；於是睡覺去也，因此詳情不太清楚。第二晚是由「馬仔」放映他的旅日旅台幻燈片，再有其他遊戲。那晚來了足足有二百多小孩，鬧嚷嚷的，吵得筆者再沒有其他閑情逸致去管那時的情景，只記得他們玩得很開心；其他呢？沒有了。

營友們在農曆七月十五的月光下，也開了幾次晚會。有一

次是野火會。月光中、燈光中、火光中，大家也玩得痛快；有時高歌、有時談笑。最精彩的是即興作曲對唱，大抵都以「唱衰」對方為榮；一陣笑聲過後，大地復歸寧靜，大家便拖着疲乏的身軀回到自己的行軍牀去休息。一晚，筆者唱倒了金山阿伯，睡時太興奮，一翻身，牀變成了被。

最後

十天過去了，這是最後一天，我們請到了本校陶訓導長、建德學校張校長和蓮塘尾宋村長及父老舉行試路禮兼閉幕禮。我最記得建德張校長說道，有我們這一班青年人，中國有望了；語重心長，當然我們是有點飄飄然，深恐受之有愧。陶先生也指出，這次的工作營，主要的價值不在那條路，而實際上在參加者那份情懷、那份精神。最後，卸下那飄揚了十天的團旗，高唱新亞校歌之後，整個工作營便告結束了。

一直，我都在想着，一條水泥路建成了，使我們有一分成就感，好叫我們日後有信心克服人生道路的困難。那兒有一條路，那兒有一條我們所造成的路，引導我們走另一條路。

原載於《新亞生活雙周刊》第十二卷第九期，一九六九年十一月七日

新亞書院學生住宿問題統計表
—— 一九七一年十二月訓導處編製

說明：

入學年份	一九六九年入學之學生現為三年級生	一九七〇年入學之學生現為二年級生	一九七一年入學之學生現為一年級生
發出表格	194	205	205
交回表格	173	198	205
未交回表格	21	7	0

備註：在一九七一年入學學生填回之表格中，其中一人為修女，故表中所列各項皆不適用，因而統計實數為二〇四人。

（一）願意寄宿沙田宿舍與否統計

入學年份	一九六九年入學之學生		一九七〇年入學之學生		一九七一年入學之學生	
	人數	百分比	人數	百分比	人數	百分比
願意寄宿	163	94.22%	186	93.94%	162	79.41%
不願意寄宿	7	4.05%	11	5.56%	37	18.14%

入學年份	一九六九年 入學之學生		一九七〇年 入學之學生		一九七一年 入學之學生	
	人數	百分比	人數	百分比	人數	百分比
可能寄宿	3	1.73%	1	0.50%	5	2.45%
合計	173	100.00%	198	100.00%	204	100.00%

（二）家中住所類型

入學年份	一九六九年 入學之學生		一九七〇年 入學之學生		一九七一年 入學之學生	
住所類型 甲、	人數	百分比	人數	百分比	人數	百分比
全層	90	52.02%	101	51.01%	108	52.94%
房間	83	47.98%	97	48.99%	96	47.06%
合計	173	100.00%	198	100.00%	204	100.00%
住所類型 乙、						
自置	36	20.81%	39	19.70%	48	23.53%
租賃	137	79.19%	159	80.30%	156	76.47%
合計	173	100.00%	198	100.00%	204	100.00%
住所類型 丙、						
獨住	139	80.35%	144	72.73%	154	75.49%
分伙	34	19.65%	54	27.27%	50	24.51%
合計	173	100.00%	198	100.00%	204	100.00%

（三）家中同住人數統計〔連本人〕

入學年份	一九六九年 入學之學生		一九七○年 入學之學生		一九七一年 入學之學生	
同住人數	人數	百分比	人數	百分比	人數	百分比
13 人或以上			1	0.50%	2	0.98%
12 人			1	0.50%	3	1.47%
11 人	3	1.73%	2	1.01%	1	0.49%
10 人	7	4.05%	14	7.07%	10	4.90%
9 人	11	6.36%	12	6.06%	14	6.86%
8 人	18	10.41%	30	15.16%	31	15.20%
7 人	33	19.07%	42	21.21%	39	19.12%
6 人	33	19.07%	24	12.12%	33	16.18%
5 人	34	19.65%	28	14.14%	32	15.69%
4 人	18	10.41%	18	9.09%	15	7.35%
3 人	10	5.78%	16	8.08%	16	7.84%
2 人	4	2.31%	7	3.54%	7	3.43%
無	2	1.16%	3	1.52%	1	0.49%
合計	173	100.00%	198	100.00%	204	100.00%

（四）家庭各人平均居住面積〔以平方呎計〕

入學年份	一九六九年入學之學生		一九七〇年入學之學生		一九七一年入學之學生	
每人平均居住面積	人數	百分比	人數	百分比	人數	百分比
200 呎² 以上	2	1.16%	5	2.53%	8	3.92%
191 呎² - 200 呎²	3	1.73%	1	0.50%		
181 呎² - 190 呎²						
171 呎² - 180 呎²	2	1.16%	2	1.01%	2	0.98%
161 呎² - 170 呎²	3	1.73%	2	1.01%	2	0.98%
151 呎² - 160 呎²						
141 呎² - 150 呎²	2	1.16%	3	1.52%	3	1.47%
131 呎² - 140 呎²	1	0.58%	4	2.02%	1	0.49%
121 呎² - 130 呎²	1	0.58%	5	2.53%	2	0.98%
111 呎² - 120 呎²	4	2.31%	2	1.01%	8	3.92%
101 呎² - 110 呎²					1	0.49%
91 呎² - 100 呎²	14	8.09%	13	6.56%	16	7.84%
81 呎² - 90 呎²	11	6.35%	7	3.53%	10	4.90%
71 呎² - 80 呎²	14	8.09%	12	6.06%	15	7.35%
61 呎² - 70 呎²	16	9.25%	9	4.54%	11	5.39%
51 呎² - 60 呎²	17	9.83%	10	5.05%	16	7.84%
41 呎² - 50 呎²	31	17.92%	31	15.66%	23	11.28%

(續)

入學年份	一九六九年 入學之學生		一九七〇年 入學之學生		一九七一年 入學之學生	
每人平均 居住面積	人數	百分比	人數	百分比	人數	百分比
31 呎² - 40 呎²	20	11.56%	31	15.66%	25	12.26%
21 呎² - 30 呎²	22	12.72%	28	14.14%	21	10.30%
20 呎² 以下	3	1.73%	18	9.09%	14	6.86%
未詳	7	4.05%	15	7.58%	26	12.75%
合計	173	100.00%	198	100.00%	204	100.00%

（五）家中就業人數

入學年份	一九六九年 入學之學生		一九七〇年 入學之學生		一九七一年 入學之學生	
就業人數	人數	百分比	人數	百分比	人數	百分比
5 人以上	2	1.16%			2	0.98%
4 人	3	1.73%	5	2.53%	11	5.39%
3 人	21	12.14%	22	11.11%	29	14.22%
2 人	56	32.37%	58	29.29%	75	36.76%
1 人	79	45.66%	103	52.02%	77	37.75%
無	12	6.94%	10	5.05%	10	4.90%
合計	173	100.00%	198	100.00%	204	100.00%

（六）家中就學人數統計〔連本人〕

入學年份	一九六九年入學之學生		一九七〇年入學之學生		一九七一年入學之學生	
就學人數	人數	百分比	人數	百分比	人數	百分比
10 人以上						
9 人	1	0.58%	1	0.50%		
8 人			2	1.01%	4	1.96%
7 人	3	1.73%	4	2.02%	4	1.96%
6 人	14	8.09%	9	4.54%	14	6.86%
5 人	13	7.52%	27	13.64%	20	9.80%
4 人	30	17.34%	45	22.73%	45	22.06%
3 人	31	17.92%	40	20.20%	46	22.55%
2 人	42	24.28%	33	16.67%	33	16.18%
1 人	39	22.54%	37	18.69%	38	18.63%
合計	173	100.00%	198	100.00%	204	100.00%

（七）家庭每人每月平均收入

入學年份	一九六九年 入學之學生		一九七〇年 入學之學生		一九七一年 入學之學生	
每人每月 平均收入	人數	百分比	人數	百分比	人數	百分比
$951 以上			1	0.50%	2	0.98%
$901 - $950						
$851 - $900					1	0.49%
$801 - $850						
$751 - $800					1	0.49%
$701 - $750	1	0.58%			1	0.49%
$651 - $700			2	1.01%	1	0.49%
$601 - $650			1	0.50%		
$551 - $600	1	0.58%	2	1.01%	1	0.49%
$501 - $550					2	0.98%
$451 - $500	4	2.31%	2	1.01%	1	0.49%
$401 - $450	2	1.16%			3	1.47%
$351 - $400	11	6.35%	3	1.52%	5	2.45%
$301 - $350	5	2.89%	4	2.02%	7	3.43%
$251 - $300	6	3.47%	5	2.53%	12	5.88%
$201 - $250	7	4.05%	4	2.02%	16	7.84%
$151 - $200	32	18.50%	32	16.16%	32	15.69%

(續)

入學年份	一九六九年 入學之學生		一九七〇年 入學之學生		一九七一年 入學之學生	
每人每月 平均收入	人數	百分比	人數	百分比	人數	百分比
$100 - $150	47	27.17%	55	27.78%	51	25.00%
$51 - $100	49	28.32%	73	36.87%	52	25.49%
$25 - $50	4	2.31%	6	3.03%	3	1.47%
$25 以下						
未詳	4	2.31%	8	4.04%	13	6.38%
合計	173	100.00%	198	100.00%	204	100.00%

（八）由家至沙田本校校舍所需時間

入學年份	一九六九年 入學之學生		一九七〇年 入學之學生		一九七一年 入學之學生	
時間	人數	百分比	人數	百分比	人數	百分比
3 小時以上			2	1.01%	2	0.98%
151 - 180 分鐘	3	1.73%	1	0.50%	7	3.43%
121 - 150 分鐘	15	8.67%	22	11.11%	20	9.80%
91 - 120 分鐘	45	26.01%	56	28.28%	51	25.00%
61 - 90 分鐘	71	41.04%	76	38.39%	81	39.71%
31 - 60 分鐘	38	21.97%	39	19.70%	35	17.16%

（續）

入學年份	一九六九年入學之學生		一九七〇年入學之學生		一九七一年入學之學生	
時間	人數	百分比	人數	百分比	人數	百分比
30 分鐘之內	1	0.58%	2	1.01%	8	3.92%
合計	173	100.00%	198	100.00%	204	100.00%

（九）過去自修地點統計

入學年份	一九六九年入學之學生		一九七〇年入學之學生		一九七一年入學之學生	
自修地點	人數	百分比	人數	百分比	人數	百分比
家、圖書館、教室及其他地方	28	16.18%	50	25.25%	27	13.24%
家、圖書館、教室	11	6.36%	8	4.04%	17	8.34%
家、圖書館及其他地方	7	4.05%	5	2.53%	16	7.84%
圖書館、教室及其他地方	12	6.94%	17	8.59%	4	1.96%
宿舍、圖書館、教室及其他地方	6	3.47%	6	3.03%	3	1.47%

(續)

入學年份	一九六九年入學之學生		一九七〇年入學之學生		一九七一年入學之學生	
自修地點	人數	百分比	人數	百分比	人數	百分比
家、宿舍、圖書館及教室	1	0.58%	1	0.50%	1	0.49%
家、宿舍、圖書館及其他地方					2	0.98%
家、教室及其他地方	2	1.15%	1	0.50%	1	0.49%
家、宿舍及其他地方	1	0.58%				
宿舍、圖書館及其他地方	1	0.58%	3	1.52%	1	0.49%
宿舍、圖書館及教室	1	0.58%	1	0.50%		
宿舍、教室及其他地方	1	0.58%	1	0.50%		
家、圖書館	39	22.54%	29	14.65%	43	21.08%
家、教室	2	1.15%	1	0.50%	6	2.94%
宿舍、圖書館	12	6.94%	5	2.53%		
圖書館、教室	8	4.63%	6	3.03%		
圖書館及其他地方	1	0.58%	8	4.04%	12	5.88%
家及其他地方	2	1.15%	3	1.52%	16	7.84%

（續）

入學年份	一九六九年入學之學生		一九七〇年入學之學生		一九七一年入學之學生	
自修地點	人數	百分比	人數	百分比	人數	百分比
教室及其他地方	2	1.15%	1	0.50%	1	0.49%
家	20	11.56%	24	12.12%	46	22.55%
宿舍	1	0.58%	3	1.52%		
圖書館	14	8.09%	25	12.63%	7	3.43%
教室	1	0.58%			1	0.49%
合計	173	100.00%	198	100.00%	204	100.00%

原載於《新亞生活雙周刊》第十四卷第十期，一九七二年一月十七日

新亞天文學會望遠鏡籌製記

孫緯武

　　新亞天文學會創辦至今十餘年，雖在香港大專界中算是老牌子的天文團體，但它所擁有的設備卻相當簡陋：只有一具二點九吋德式裝置折射望遠鏡和一具三吋半反射鏡。去年三月在校內辦了一個天文攝影展覽，圖片是二點九吋望遠鏡的作品，用一具不能固定放置的小望遠鏡，用汽車水撥拆下來的馬達、自製的木頭齒輪箱做時間驅動器，在宿舍天台的曬衣架下做天文攝影，吃力之處是可以想像的。從此，遂有自製大望遠鏡、建小型天文台的企想。

　　去年五月學位試之後，陳志平、黃煜平、陳積祥、沈濟慧、宋財發、陸偉光和我幾個三年級升四年級的同學，組成了天文學會七七年的造鏡組。一時興高采烈，開始要造一副全港最大的望遠鏡。

　　我們計劃中的望遠鏡主要用於天文攝影工作，有十六吋口徑的主鏡，設改良卡式及牛頓式兩種焦距。鏡座則用英國式赤

道裝置，以方便全天的觀測。主要的輔助光學系統，有一個尋星用的八吋口徑牛頓式望遠鏡，和一個攝影追蹤用的三吋折射式望遠鏡。在赤經方向有兩套馬達驅動，赤緯方向則用一個直流馬達，最後更根據哈佛天文台瓊斯先生的建議，在赤經軸加上一套馬達驅動的微動裝置；目的是希望在天文攝影時，望遠鏡能自動改變傾角，抵消地球的自轉效應及大氣折射等效應，盡量減少長時間天文攝影的人力要求。我們希望做到在二小時持續攝影曝光中，工作人員只要裝上底片就可以睡覺。我們學生可不比專業的天文工作者，我們明天是要上課的。為使各馬達協調工作，及自動調節轉速，需要一套精密的電子系統。事實上，我們希望優良的控制系統能成為這副望遠鏡的特色，因為電子工程是同學自己能夠設計、裝置，自己可以完成的；而其他的工作，如磨製十幾吋的鏡面，則肯定要比買回來的差（我們只打算自製尋星鏡鏡面）；至於巨型的英式赤道裝置中，有許多機件，非有完備的金工設備不可，更不是我們同學所能親力親為的了。

開始工作第一個難題是錢。可笑的是我們最初所估計的全部工程費用只需七千元，可謂真不知「世界艱難」了。記得去年七月透過蔡永業醫生向寶源光學公司黃克競先生籌得六千八百元時是何等的高興，全體到范克廉樓大吃一頓，表示慶祝（當然是自己付錢）。去年十月，我們又追加預算二千四百元，今年二月，

決定除望遠鏡主體用黃克競先生捐款建造之外，其他若干輔助部分，則另覓財源；後得寧波同鄉會獎學金一千元建造電子系統，新亞輔導處二千八百元購置目鏡系統、目鏡座及攝影裝置。又決定將若干設備削減：取消冷凍攝影裝置。用一部電子計算機代替微型電腦，將十六吋口徑的主鏡暫用十二吋半代替。計劃把望遠鏡初步完成了，做些實際的成績出來，再求逐步擴展。

造鏡組自五月成立以後，暑假每天都在科學館工作：負責磨鏡的到拆船廠買了大塊的船窗玻璃回來，用偏振片檢定應力、切開磨製、用雷射光束試測鏡面、真空電鍍，一時煞有介事的。只是光學實驗室及原子物理實驗室都給攪得一塌糊塗了；製造打光瀝青模尤其討人厭。幸而黃、許兩位管理實驗室的先生容許我們胡攪；同時物理系梁悅槃先生又給我們許多方便，得以在學生機械車間工作。到了七月，我們自己能動手做的工作大致都做好了；但造不來的，卻是絕大部分。幸有徐培深教授、陳耀華博士兩位對望遠鏡工作的贊助支持，從科學館車間調派師傅為我們工作。事實上，除了一部分太複雜或大塊頭的工作，如鑼蝸牙、鑄造、車掣主軸等，其他的在機械車間也做不來，我們要另外找機械廠之外，望遠鏡的機械鏡座主要是他們的製品，我們只需要自己設計圖則及供應材料。

既有了錢，又有機械車間可資利用，當時頗以為望遠鏡可

以在去年十月完成啟用，因而發出一份招徠會員的預告，現在還貼在牆上，成為笑料。尤其感到羞愧的，是我們曾對黃克競先生表示望遠鏡將於十月左右完成，而現在今年十月也到了。令我們完全失去預算的是機械鏡座的工程。必需承認，由於我們缺乏工程系的同學，在機械設計及採購材料兩件事上遭遇到不少困難。這是我們事先輕估了，或者是想像不到的。七七、七八兩年，天文學會造鏡組的同學都在此花費了非常多的精神和勞力。而機械車間在去年開學後，由於實驗及研究儀器的製作繁忙以及其他理由，鏡座工程漸次停頓，到今年三月，才又申請並獲得車間撥出一位師傅的一半工時為我們工作。在這裏，讓我再做一個大膽的估計：望遠鏡將於今年十一月落成。

望遠鏡的重要部分：電子控制系統於去年八月開工，由聯合書院物理系容小明同學負責策劃，成立了電子組；事實上，由於七七造鏡組多是四年級的同學，造鏡的重任逐漸次落在他們肩上。七八造鏡組的成員是容小明、黃揆漢、冼廣生、鄭兆佳、鄒載華同學和我幾個。電子控制系統的主要構想，是將望遠鏡的傾角（經緯度）的模擬量變做數字資料，輸入數字計算部分，根據預先編定的方程式，計出各摩打所需的轉速，經過相鎖環馬達控制系統，確保了馬達以這個速度運轉。整個程序是由主

控部分自動安排的。值得快樂的，是我們成功地改裝了一架價值二百元的 Casio 計算機做數字計算部分。現在，這個系統可以修正大氣折射效應，我們更嘗試用它來處理各行星的追蹤問題。

在造鏡組成立之初，我們就向校方申請在新亞人文館頂上設立一個簡陋的小型天文台安置望遠鏡。這個計劃，得到物理系徐培深教授和輔導處譚汝謙輔導長、聶家璧先生的大力支持及鼓勵，我們衷心的感謝。

我們又計劃成立一天文台組織，在去年十一月聯絡了三間院校的八位對天文物理有興趣的數理科同學，組成一理論工作組，籌劃將來天文台工作。但天文台的建築，則因圖則問題，頗有波折困難；唯一快捷可行的辦法，為直接從美國購買。一座十六呎直徑的天文建築，約費八萬元。最後商得理科委員會撥款購置。可惜此天文台為校方的建築物，不能交由本會管理，理論工作組遂暫時解散。

最後，讓我們希望此全港最大的望遠鏡完成之後，本會的學術工作及會務能因而更加推展，使中大同學更能藉此增加對天文的興趣與認識，得以管窺天之高明、地之博厚、宇宙之莊嚴偉大。

原載於《新亞生活雙周刊》第六卷第二期，一九七八年十月十五日

學生課外活動回顧

聶家璧

新亞書院創校之初，尤其是在「桂林街時代」，正如校歌所說：「手空空，無一物」。平日老師和學生都為學業和生活而忙，鮮有餘暇，「學生課外活動」對當時學生而言，簡直是奢侈品。不過，師生都珍惜群體活動，每到聖誕或新年等特別節日，同學們就會組織起來，籌辦聯歡會或晚會，教職員也於百忙中踴躍參加，真正是師生同樂，好像一個大家庭。另一較為突出的「活動」是出版壁報，壁報可說是最經濟而又最直接地將作者讀者拉在一起。新亞學生一向在文史哲學術領域中出人頭地，多少和多讀多思多寫的傳統有關。

一九五六年農圃道校舍落成。整個校園面積不算大，但麻雀雖小，五臟俱全，連學生宿舍也有了。來自南洋或其他偏遠地區的學生都住在宿舍。宿生住校可以減少舟車時間，而且大都領獎學金，經濟較為豐裕，搞課外活動往往勝過本地學生。因此，在六十年代初期，最活躍的學生團體之一便是「南洋同

學會」。

農圃道校園啟用，象徵「雅禮協會」和「新亞」關係達到一新紀元。從一九五六年起，雅禮協會開始選派耶魯大學畢業生來校任教英文。大部分雅禮教員都是應屆畢業生，很容易和新亞同學打成一片。他們之中不乏多才多藝之士，也不乏運動好手，課餘之暇，熱心協助組織各種活動，真正達到中西文化交流。

本院歷史最悠久的學生團體，恐怕要算文史系會、哲教學系系會、經濟學系系會及商學系系會，很可惜有關該等系會的紀錄已散佚無存，詳細情形無從獲睹，我們知道新亞創校之初最先成立的學系是上述四系，其學生組成的系會亦應是最早的系會。

至於興趣團體的老大哥要算是「基督徒團契」及「天主教同學會」。國際性之組織則是「世界大學服務分會」（World University Service）。

從組織上看，眾多學生團體各自為政，並無一個中心將它們聯繫起來，亦無全校性的學生會。

一九六三年，醞釀多年的中文大學正式成立，三院學生希望聯合起來舉辦慶祝活動，因而促使書院學生會的誕生。

當時，學校當局對成立一個強而有力的學生組織向有戒

心，當時的教職員大都來自大陸，對解放前大陸大學學生會多被親共職業學生把持之有切膚之痛，並且認為學生會成立後就會和校方對立，破壞師生融洽相處之道。所以當時籌辦學生會的同學費了不少唇舌，才能說服校方捐棄成見，終於一九六四年批准學生會成立。

一九六四年可說是新亞書院學生課外活動的里程碑，隨着學校不斷擴充發展，學生人數逐年增加，學生會的工作也日見繁重。當年籌辦學生會之學生如下：歷史系陳松齡，中文系胡耀輝，經濟系朱炳超，哲社系羅玲、化學系鄭喜釗，哲社系聶家璧等。首屆學生會會長由鄭喜釗擔任，聶家璧任評議會議長。

學生會成立為學生帶來新氣象，學生會每年改選活動成為校內大事之一。學生會幹事會行責任內閣制，一年一任。評議會負責監察幹事會工作（評議會後來改為代表會）。每年十一月初掀起競選熱潮，那種熾熱火爆場面和近年之全不投入，冷冷清清場面比較，真有天淵之別。

校方統管學生活動單位為訓導處（後改為輔導處）。所有學生組織必須向校方登記註冊，而校方對所有註冊學生團體一視同仁，各團體地位平等。這些年來，各團體間都能和睦相處，絕無互相傾軋情況出現。

本院學生團體除學生會、系會和宗教性學生組織之外，尚

有由同學自由組合的興趣團體，為數至眾，他們的活動使校園生活平添濃厚的學術和藝術氣息。

本院最成功的學生興趣團體要算「國樂會」及「學生社會服務團」。國樂會成立於一九六〇年，得到校方及社會人士熱心支持，獲得校方特別分配會址（當時連代表全校學生的新亞學生會也沒有固定會址），添置不少樂器，開辦傳習班及研究班，禮聘本港國樂名家任教，而國樂會瞬即成為本港最具規模的中國傳統音樂專修學校，對於推動本港國樂教育的發展，居功至偉。「國樂會」另一特色是本校老師及眷屬之積極投入，早期錢穆校長及夫人、教務長唐君毅夫人、中文系主任潘重規教授、物理系蘇林官先生等都曾參與該會之傳習班及會務，英文系學生譚汝謙是創辦人之一，多次擔任該會會長。譚博士於一九七五年起回校任教，出任該會顧問，一直關注及協助該會發展會務。

「學生社會服務團」由經濟系學生甘偉培在一九六八年創立，甘同學其後更獲選為學生會會長。該團是本院組織最穩定和健全的學生團體之一，即使處於學運低潮時期，仍能維繫到一班志同道合的學生，從事各種事工，造福本港社會。

興趣團體之起伏盛衰，亦如明月之陰晴不定，早期曾蓬勃一時之「國劇社」、「棋會」、「橋牌會」、「釣魚會」等俱因

乏人領導而趨於沉寂。「中國文化學會」亦然，該會全盛時期（一九七〇年代中期）主辦之學術講座甚為叫座，出版刊物《人文》內容水準更為大專院校之表表者，其中《望道而驚天地寬》（一九七五年）十分暢銷，為該會帶來大量財政盈餘，可惜至七〇年代後期因後繼無人而中止活動。

有些學生興趣團體一直穩步發展，雖無光芒四射，但是細水長流；「攝影會」、「民歌團」及「天文學會」屬之。「攝影會」歷史相當悠久，擁有黑房及基本儀器設備；「天文學會」於一九七七年創立時，在物理系孫緯武同學等不斷努力下，曾成功磨製一具有十二吋半口徑鏡面之天文望遠鏡，為本港業餘天文團體中最大者，當時由於譚汝謙輔導長積極斡旋協助，獲得大學支持，並獲本港光學工業鉅子黃克競先生資助，向美國訂購一小型天文台裝置該具天文望遠鏡，使新亞成為本港業餘天文研究中心之一。「民歌團」永遠有一班旨趣相近的同學支持，成績相當出眾，晚上圓形廣場是他們活動中心，如今享譽本港樂壇的新秀蔡齡齡、黃凱芹等，曾經是「民歌團」的核心分子，他們學生時代精彩的演繹依然為同學津津樂道。

「新亞合唱團」的歷史可說是一個傳奇。遠在一九五八年畢業同學會主辦之音樂會中，合唱團便有參加演出，如今教職員中唐端正先生、周卓懷先生、胡栻昶先生及黃建業先生都

是團員。指揮為趙蔚然先生，後來趙先生離職赴美，「合唱團」之活動也告中斷。由六十年代初至七十年代中，英文系講師顏益群神父（Father Egan），重視合唱團，雅禮教員加入為生力軍，先後公演歌劇《蝴蝶夫人》、《天皇》等，贏得各界好評。一九七四年顏神父退休後，合唱團又告沉寂。及至一九八〇年趙蔚然先生重返新聞系任教，又再次將合唱團組織起來。

「戲劇學會」亦屬歷史悠久的學生組織。六十年代初期全港大專戲劇比賽，「新亞劇社」已多次掄元。最初主將有李金鐘、譚汝謙、潘華棟、雷浣茜等。農圃道時代由於擁有設備完善之禮堂，每年都舉行系際戲劇比賽，吸引大量觀眾捧場，屬校園盛事之一。遷入沙田校舍後，尤其是邵逸夫堂啟用以後，由於設備更臻完善，同學對戲劇之熱誠有增無減。歷年之三院劇比賽，本院成績驕人，即以過去三年計，差不多囊括所有大獎。

「國術會」的歷史只有十多年，但屬發展最蓬勃的學生團體之一，可說完全是校董張威麟先生鼎力支持之結果。張校董不但出錢（每歲捐助二萬三千元作教頭酬金），且於每年「夜粥大會」時，必定親力親為，推動武術交流。近年「國術會」每屆舊曆新年必派醒獅隊到大學教職員和學生宿舍拜年，為校園增添不少歡樂氣氛。

「民歌團」之成立，旨在引發同學對民歌之興趣和認識，藉此增進彼此之友誼，會員有九十五人，除推廣校內民歌風氣外，亦與香港大學、香港理工學院等互相交流，發展友誼關係；此外之工作，有出版歌集，編訂結他班教材等。

　　「工商管理學會」為兼具促進聯誼與學術研究之學生團體，成立於一九七〇年，至今也有二十年歷史，而其間活動從未間斷過。每年舉辦不同活動，包括學術、聯誼、福利、與對外溝通等。於一九八八年舉辦之「香港百貨業縱橫」是與聯合書院工管系合辦，為近年來學生主辦中少見之大型學術活動。

　　最後要介紹三個宿生會：知行、學思、志文。顧名思義，它們的服務對象就是住在宿舍的同學。宿生會除了設立小賣部為宿生提供方便外，更不時舉辦各類活動，促進宿生間感情。由於本院有一半同學住在宿舍，宿舍生活之重要性，已獲各方關注。

原載於《新亞生活月刊》第十七卷第八期，一九九〇年四月

巡迴的馬戲團

樊善標

「的確有一個大而熱鬧的北京，然而我的北京又小又幽靜的。」

—— 愛羅先珂

我是八三年入學的，中學階段最後的暑假到了尾聲，我參加了大學的迎新輔導營。也許迎新和輔導的字眼過分嚴肅，大家都把它叫作 O'Camp。O'Camp 令人想起流動的馬戲團，那個 O 字就像圓形的大帳篷，掀起門簾溜進來的，都有一夜神奇夢幻的體驗。因此其後兩年我都當上了輔導員，升四年級時在學生會的代表會工作，不免也有點任務，結果讀大學的每一年都和迎新扯上關係。但魅幻的氣氛迅速褪減，最後兩年的 O'Camp 不但絲毫沒有感動我，反而常常需要按捺湧動的鄙夷。不過，第一次仍是最難忘情的。

  *   *   *

經過了註冊、選課、語文和體能測驗諸般繁瑣的手續，夢

想了許多年的大學生活仍未能開始，還有一個五日四夜的迎新輔導營，實在太累了。我的中學每年只有很少的幾個人考上大學，關於大學的一切，並沒有誰可以詢問，提着行李抵達校園報到時，我不能想像怎能跟一群陌生人朝夕相對好幾天，也不知道要做些甚麼事情。

在火車站大堂外登記了姓名，問明了組別，不遠處就有幾個人拿着旗，上面各寫了組名，於是我站到所屬的旗下。周圍人很多，有些看來早已相識，有些和我一樣，跟身旁的人寒喧幾句就靜了下來，空氣中瀰漫汗水的酸味。站了一會，人潮開始移動，聽說是步行到大學本部參加甚麼開幕典禮。走了幾分鐘，路徑轉斜，我回頭看，後面該有幾百顆年青的頭顱吧，不自覺地想起物理化學課本裏的分子結構圖。可是從這個暑假起，我就要拜在古今詞客文人的門下了，這些科目的記憶很快便會消失殆盡，想到這裏，有點說不出是喜悅還是悲哀的滋味。

開幕儀式上甚麼人說了甚麼話，我都聽不進去，印象中只有那陣無時不在的汗味。會後各書院分道揚鑣，我們沿新亞路走到校園的最高點。分配了房間，洗把臉，又得重新集合，我們的第一次小組時間在馬路旁邊度過。大學生活究竟怎樣？我很驚奇地發現原來是要唱歌和坐在地上的，我們都有一本幾十

頁的歌集，而薄薄的營冊呢，正好充當坐墊。

　　第二天上午下了一場雨，之後卻是大晴天，我們到人文館聽講座。講者大概是哲學系的老師吧，他提到新亞的校歌：「艱險我奮進，困乏我多情，千斤擔子兩肩挑，趁青春結隊向前行。」那時校訓「誠明」對我們來說是太深了，但這幾句歌詞一聽就明白。選上新亞本來只是偶然的決定，直至聽到這幾句話，才似乎感到有些事情是必須去做的，不管成敗利鈍。因此，有一位新同學質疑說，不應該把精神、理想強加在我們身上時，我已經不為所動了。

　　下午仍是大晴天，節目是越野競賽，我得到了大學生活的第二個印象：要常常喊口號。那些押韻的句子，旁人聽了一定斥為幼稚無聊，可是我們齊聲大叫，好像有了鮮明的目標，大家感覺親密了許多。

　　該怎樣形容這個晚上？說是轉捩點，我們的態度是漸漸改變的；若說不是，沒有這一晚，我們不一定會成為朋友。這個晚上我們玩靜態而刺激的人際關係遊戲。其中一節是這樣的：小組圍成兩個同心圓，主持人提出一道題目，相向而坐的兩人便開始討論，五分鐘後外圈轉動，換上另一個對手、另一道題目。回想前一天，最擔心就是和素昧平生的人相處，這一刻竟然不但要相處，還得不間斷地談話，以避免冷場，可是卻不見

得特別困難。知行樓到了午夜便不許女生進入，不知道是我們置身的暗角無人理會，還是舍監有意原宥，遊戲完結後我們繼續談天，直到兩三點。

第三天晚上有分組天才表演。仍然坐在馬路上以口號互相揶揄，最是興高采烈的時候，有一組提出和解，立即贏得一致鼓掌贊同，然後燈光亮起，照得舞台一片昏黃，庶務組徐徐步上，唱了一首新作的歌，觀眾自動打拍子和應。歌詞說了甚麼我已毫無印象，以後也再也沒聽過。其實聽到也一定認不出來，那夜的氣氛渲染得甚麼都精美無瑕。

我們熟睡之後，颱風悄悄集結，第四天早上節目如常舉行，下午，風勢陡地加強，聯合、崇基兩書院已宣佈中止活動，我們的工作人員讓新同學自行決定。據說除非懸掛八號風球，否則當天的綜合晚會縱使只有一個觀眾，也如常演出。我們認為，他們既能演，我們便能看，大家都捨不得離去。

入黑，颱風真的到了，掛起八號風球（假如不是十號的話。究竟晚會演出了沒有已記不起），宿舍的玻璃窗不知能否承受沉重的壓力，我們小組不分男女擠在一個背風的房間裏。最初玩紙牌，到了凌晨，有些人睡了，有些還在聊天。風聲隱約從窗縫門外傳來，應和沉沉的鼾聲、疲累的談話聲。這是一場富象徵意味的風雨。入營時收到一本小冊子，簡介建校的歷

史，在這以前的二十年，大學經歷的風雨飄搖，我沒法見證，但這一晚以後，無論願意不願意，所有的風雨都和我有關了。

半睡半醒狀態維持了幾個鐘頭，早上雨勢風力仍強，沒法到外面去。大家呆呆望着窗外，樂群館、學思樓、小百萬大道，以至遠處的錢穆圖書館，整個空間都是灰濛濛的，鮮豔的橫額和旗海在地上濕作一團。忽然，幾個穿雨衣的人捧着紙盒，狼狽地跑向這邊，過了一會，我們的食物送來了，不知算是早點還是午飯？

颱風最後在中午消散，我們交換了通訊方法和互勉的話，終於可以離去了，然而幾段維持了許多年的友誼才剛開始。

      *   *   *

第一個迎新營就這樣留下了回憶，於是第二年很早就報了名當輔導員，第三年則是朋友苦苦情商幫忙，還有第四年，也不是自發的。每年迎新營的主角也許都有和我當初相類的驚喜：發現從前看似高人一等的大學生原來另有率直天真的一面，既有抱負與理想，也懂得關心別人，大學城是高貴的淨土。然後他們開學，重逢，另有發現，失望。馬戲團已經轉移了表演場地，曠野上沒有燈火，沒有歡呼，昨天仍是千真萬確的事實，一吹就變成今夜寂寞的風。於是，有些人期待明年馬戲團再度來臨，但一再經歷真幻的轉化後，企盼往往就變成了鄙夷。

距離最後一次參加迎新營快七年了，偏激的想法有了修正，或者應該說，不再特別關心了，因此記憶漸漸模糊，甚麼都沒有所謂。我想起何其芳一首詩的引語，其實迎新營也一樣，營中的熱鬧不必說成偽裝，營後的平淡也不過是另一種真實。畢竟也有人能夠把營中的心情保留下來，哪怕只是絲絲點點。我們這樣說也許公平點：「的確有一個大而熱鬧的大學，雖然我的大學又小又寂寞的。」

原載氏著《力學》，頁七九四六三至七七九六七

環保文學：詩文采筆寫沙田污染

編者說明：本刊的「環保文學」專頁始於今年二月號，本期續刊兩篇作品。一是黃國彬教授的《沙田之春》，一是潘銘燊教授的《救救城門河》。黃、潘二位曾先後在中文大學任教，都是著述豐富的學者、作家。（按：為原編者之說明，今年即一九九七年。）

沙田之春　黃國彬

胸中遍地江湖，
一隻黑色的水禽
拍着雙翼
消失在
一片
漠
漠
的

水

光

中，

毛毛雨落在沒有行人的路上，

落在白色的田裏，

毛毛雨落在彎腰插秧的農夫

背上的蓑衣，

深山的樹叢

傳來一兩聲

子規濕濕的鳴叫，

池塘生春草，

魚兒的嘴在水面開合，

漣漪散向四邊，

田裏，青蛙跳了出來，

濕黑的樹葉上，蝸牛

慢慢伸出了黏滑的觸角——

轟隆一聲我醒來，

一架黃色開土機的巨螯

又挖起了一堆山泥倒入海裏；

沙田馬場，一望無際的黃土，

正繼續聲勢洶洶向吐露港那邊掩殺——

磅磅磅磅，寂靜如水晶碎裂，

一艘強力引擎快艇

正剼開澄清的海面

朝我這邊全速削來，

後面留下一道慘白的疤痕，

以及一縷一縷的黑煙。

導讀：

《沙田之春》寫於一九七六年三月，那時沙田正在興建馬場。春天的郊野，水禽在漠漠的水光中逍遙。下着雨，白茫茫的田裏，有農夫在插秧。「池塘生春草」（詩人這裏引用了謝靈運的名句），鳥在叫，魚在游，蛙在跳，蝸牛在蠕動。這是一片寧謐（子規在叫，但「鳥鳴山更幽」）、和諧的大自然美景。這是沙田，可是這只是過去的沙田。現在，沙田的漠漠水光被滾滾黃土「掩殺」，被「強力引擎快艇」割裂。寧謐、和諧的美景全被破壞，香港人對《沙田之春》這首詩會覺得親切——切膚之痛的親切，因為本地居民目睹的正是此「慘」象。現代文學之中，機械文明破壞大自然之美，是個具有普遍性的主題。詩裏的沙田，其實是世界上千千萬萬遭受此劫的地方。現代化的

過程中，大自然備受摧殘，是無可奈何的事。建設如是，開礦也如是。我們要開礦，就得把大地宰割分裂。只要開採完畢，善後工作做得好，恢復大地的原狀，一般人就心滿意足，不會責難甚麼了。不過，詩人目睹這破壞的過程，難免分外為大自然惋惜，因為正如華滋華斯說的，詩人比常人敏感，黃國彬敏感，才成其為詩人，才會寫《沙田之春》。他敏感之外，還有精思，而精思使此詩成為佳作。此詩精心經營，最見功夫的有四：一是對比，二是節奏，三是煉字，四是轉折。

此詩以「轟隆一聲我醒來」一行為分界線，這行之前是夢想，之後是現實。夢想的境界是寧謐和諧的大自然之美，現實是美的破滅。前後兩部分的修辭煉字，即從這對比出發。前半部的「黑色的水禽」，在後半部成了「黑煙」；「白色的田裏」則成了「慘白的疤痕」。前半部和諧安寧之景淡；後半部則暴戾殺伐之氣重，所以有「聲勢洶洶」、「掩殺」、「碎裂」，「強力」、「全速」、「削」、「慘白」、「疤痕」、「黑煙」等等。

前後兩段，所寫截然不同，但讀者只覺其對比之強，而不覺其轉變之突兀。原因是此詩轉折得自然渾成。「蝸牛……黏滑的觸角」和「開土機的巨螯」，形象頗為相似。黃國彬巧妙地選擇了這兩樣物象，作為由夢想回到現實的媒介。「轟隆一聲我醒來」的醒字，告訴讀者，詩人從夢中醒來。換言之，前面

只是夢境。既是夢境，此詩開首的胸中二字便有了着落。「胸中」者心胸之中，乃想像，非現實也。大抵詩人作夢之前，已飽受開土機的耳目污染。夢中所見，是沙田過去的大自然之美。好夢難長，醒來復見可惡的開土機，因此，「又挖起了一堆山泥倒入海裏」的又字，以及「正繼續聲勢……」的繼續二字也有了着落。

前半部節奏舒徐，「消失在一片漠漠的水光中」十一個字，分成八行，把速度減至最低。這個安排的視覺效果也很好，「漠漠的水光中」一字一行，看起來宛如水平線。後半部最長的一行是「正繼續聲勢洶洶向吐露港那邊掩殺」，朗讀時節奏急速激烈，予人殺氣騰騰之感。總括來說，前半部的境界，如貝多芬《田園交響樂》第二樂章表現的；後半部則近於《命運交響樂》第一樂章的了。

《沙田之春》發表至今，已有廿一年。滄海桑田，沙田變化極大。沙田馬場興建後，善後工作還做得不錯，但是沙田的自然寧謐之美，無疑受了很大的影響。沙田的環境，比起鬧市好，但是還有很多值得改善之處。城門河的清污是其一。

救救城門河　潘銘燊

　　話説有一種魚，叫做烏賊。牠們生命力很強，無論散佈到世界上哪個角落，都會頂着萬水千流，游回牠們出生之地產卵。賦予下一代以新生命之後，牠們的「魚生目標」達到，就功成身滅，筋疲力盡而死。死前牠們把體內剩餘的一點墨汁排出，作為對牠們出生之地的那條河獻上最後的敬禮。這條河就是城門河。

　　上面這個故事當然是虛構的。不是向壁虛構，而是向河虛構。今天早上起牀，憑窗外望，腳下的城門河在朝曙斜照下，竟然是灰灰黑黑一道水域。

　　這個故事現在看來略嫌誇張，因為城門河大多數時間呈現墨綠色。隨着光線變化，有時墨多綠少，有時墨少綠多，到底還是有綠意的。但是若干年後，岸上生齒日繁，工業日盛，城門河的污染日積月累，綠意退而墨意長，城門河將要變成一條墨河。那時候，可真要招徠一批書法家住於河邊，臨河練字，省卻許多墨汁。

　　城門河建設初時，原意是要造出一個風景區，沿岸讓人休息遊覽。現在呢？岸上遊人裹足不前，河面的獨木舟也絕無僅有。誰願意在一條發出臭味的污水渠上划艇和散步呢？初搬來

時，我偶然會在早晨沿着河邊跑步，現在我寧可跑別的路線了。

我的大學時代，這一帶叫做沙田海。那時在大學站對開的海面是划艇區。船槳撥水，時常撈起苔蘚海藻，月夜泛舟，槳過處磷光閃閃。附近也是游泳健兒大展身手的去處。當時一些洋講師甚至喜歡潛下吐露港底，採集動植物標本。

現在城門河口的吐露港水域不但無人下水，划艇亦為歷史回憶。現在划艇，船槳撥起的大概是金屬碎屑、浮油垃圾罷。誰人有此膽色潛水，大概不再會撈到海帶海星，他只能盼望人們明天會撈起他的屍首。

近年政府和民間都注意到環境保護問題。盼望袞袞諸公、諤諤多士一齊想方設法挽救城門河吧！

希望將來城門河是海藻的家鄉，而不是烏賊的故園。

（一九八八年）

導讀：

《救救城門河》寫於一九八八年，那時，作者潘銘燊博士居於城門河畔。他日夕憑窗外望，只見「灰灰黑黑一道水域」。他「向河虛構」一則烏賊排出墨汁成河的故事，用誇張的手法，渲染了河水之污濁。進而他寫到吐露港海邊。在大學時期，潘氏喜歡划艇，「船槳撥水，時常撈起苔蘚海藻」；現在如果有人

划艇，則可能撈起溺水者（與污染有關）的屍首。這也是誇張筆法。

古人治水，工程巨大，只要行得其法，持之以恒，如大禹，終底於成。沙田人也治水，清理過城門河。然而，俟城門河之清，不知何時。十數年來，據說人們努力過，可是，現在水上仍是浮油垃圾，仍是死魚的浮屍，我們身為沙田人，能不愧煞？救救城門河！

原載於《新亞生活月刊》第二十四卷第十期，一九九七年六月

東亞運動會銅牌得主
吳森雋的舞動奇跡：停不了的拉丁舞

黃佩儀

無奈的開始

吳森雋與體育舞蹈結緣於中四。那時他在學校打羽毛球，適逢康文署推廣體育舞蹈計劃，負責計劃的羽毛球隊老師發現太少男生參加，於是「強迫」他參加體育舞蹈。

起初，吳森雋很不情願，覺得跳拉丁舞要不停地扭動，無論動作或打扮，都顯得很女性化。但三四個月後，他慢慢發現，原來體育舞蹈很好玩，其實跟自己在電視裏看到的不同，所以繼續學下去。

吳森雋解釋說：「在真正的拉丁舞裏，男步還是在扮演男性的角色，當女步的『護花使者』，盡量去配合她保護她，給她一個盡情展現的平台。」

跳舞與演戲

　　跳舞也需要演戲，要跟舞伴溝通，要和場下的觀眾互動。吳森雋覺得跳舞跳得好，就要把感情帶入舞蹈。

　　讓他印象最深刻的是，在一次比賽中發生了不公平的事情，他感到很憤怒，於是在跳舞時，他將這種「最強烈最深刻」的感情抒發出來，結果卻是他發揮最好的一次，連教練都疑惑：「怎麼從來沒見過你跳得這麼好？！」

　　吳森雋認為，人愈大，閱歷愈深，跳舞也會愈熟練。他說：「無論你的動作多協調，但如果你無法感染到別人，你就無法將舞蹈展現出來。」

跳舞以外的細節

其實一隊選手在舞池裏，要專注的不僅僅是自己的舞蹈，還有很多其他的細節需要考慮，例如，怎麼避免撞到其他選手，要挑選怎樣的路線，要避免走到陰暗死角而被觀眾忽略等等。這些都需要積累經驗。

初時，吳森雋並不懂這些舞蹈以外的東西，只會根據排舞的路線走，結果整天撞板，撞到別人。現在他已經很純熟地處理這些細節，譬如前面有其他選手擋住路線時，他們就會在原地跳舞，跟觀眾交流，或者跟對手互相打眼色，邊玩邊交流，觀眾看到很有競爭性，也會有興趣。

五年的舞伴

合作了五年，吳森雋和林惠怡是港隊體育舞蹈裏至今都未拆夥的一隊，在亞洲排名十一位。

吳森雋覺得，拆不拆夥很多時候不是看兩人跳舞合不合拍，而是看兩人的性格合不合。無論到外國比賽，或是平時訓練，大部分時間都是兩個人相處，所以他們有一個共識，就是怎麼吵都好，都停留在後台裏面，一走到賽場上，你就要讓人

家看到你們是最合拍的一對。

跟林惠怡朝夕相對，吳森雋經常被記者詢問，他們是不是在拍拖。他笑着回答，他們不是在拍拖，只不過是好拍檔好戰友的關係，會互相關心支持。他也不排除兩人以後會發展，但強調現時自己只是專注在跳舞。

停下的時間停不了的心

現在因舞伴林惠怡高考的關係，他們停賽至五月。雖然沒有比賽，但兩人跳舞的心卻沒有停下來。

採訪當日吳森雋笑着說：「舞伴今天一考試結束，就已經約我下午去練舞。」他說，東亞運動會後有一段時間自己沒有練舞，總是感覺不自在，好像「周身唔聚財」的樣子。

其實，吳森雋自己無時無刻都在練舞：聽拉丁音樂訓練自己的音樂感，在車廂裏面腳也會不自覺地動，腦子想的都是自己練舞的姿勢。

跳舞背後的辛酸

一堂四十五分鐘的練舞課一般二千二百元，通常都是兩堂

連上，雖然生於小康之家，吳森雋坦言難以負擔。

「有時候去練舞室，教練望一望你，問問你叫甚麼名字，拉兩下筋，就用去了十分鐘。有時我一邊拉筋就會一邊緊張地想：不要再拉了，二千二百元很貴啊！」

報紙說他們是「清貧創造奇跡」，其實，體育舞蹈圈內有很多人也根本沒有想過他們能取得今天的成就。買一套男舞衣基本要一萬多元，一套女舞衣則可達兩三萬，而一套衣服通常穿三四個月後，別人就開始厭倦，需要更換。別人是一場比賽換一套，而吳森雋和林惠怡曾試過一套舞衣穿了兩年，因此曾引來他人的嘲弄。

跳拉丁舞的選手都要塗黑油，一瓶黑油約八百港幣，但大約三四次就會用完。塗完黑油後，在街上或者巴士上他們經常被別人用奇異的目光盯着看，以為他們有甚麼病。

要應付龐大的支出，吳森雋和林惠怡很多時候都是靠老師的幫忙。其實從二〇〇七年始，他們比賽的衣服都是教練們免費贈送的二手舞衣，半年才換第二套。對此，吳森雋很感激教練對自己的幫助和栽培，雖然自己還欠教練幾千元上課費，但教練依然全心全力地培養他。而總會也為他們提供了很多支持，從二〇〇九年初開始資助他們每星期上堂練舞課。

有血有汗的銅牌

說到東亞運動會的情景，吳森雋依然很激動。代表香港，承受着主場的壓力，而場上的觀眾都是熟悉的朋友家人，當大家都在為他們瘋狂歡呼吶喊助威時，他說：「那時候第一次覺得非常害怕，以前比賽從來沒有試過的。」

第一支森巴舞以微小差分敗給了日本，第二支牛仔舞發揮比想像中好，獲得銅牌，吳森雋形容這塊獎牌是「有血有汗」的。

還記得第二天報紙報道，說他們「淚灑頒獎台」，吳森雋解釋說：「我們是忍不住，在領獎台上拿着銅牌那一刻，想起五年前，從自己開始學，到聽見別人議論我們整天不換舞衣，經歷了這麼多，我覺得起碼沒有辜負教練對我的一番栽培，這是對我來說最開心的。」

同時，回想自己還在穿西服剛學舞時，中日兩隊選手已是亞洲拉丁舞盟主，這次比賽中某些小項分數居然能高於其中一隊，他覺得這對自己來說是很鼓舞的。

比賽場上的忘我

作為一個運動員，吳森雋永遠追求更好的發揮和表現，但

目前來講，他說自己已經「很知足了」。

比賽場上很多事情難以預料，輸贏是很正常的事情。曾在越南比賽中，因為評判評分偏頗，將越南評為第一，中國日本位居第二第三，讓吳森雋和林惠怡等其他選手相當憤懣，並相約以後不會去越南比賽。但氣消過後，他淡然說，總會有這樣的情況，最離譜的都見過了，這些都會接受的。

每次比賽時，吳森雋都不會考慮輸贏，而是盡量享受音樂，想怎樣跟觀眾交流，怎樣跟舞伴交流，完全是忘我的狀態。有些中大同學看過他的比賽後，質疑地說：「那個不是你來的。」

讀書 vs 跳舞

吳森雋現時是中文大學中文系三年級學生，隸屬新亞書院。跳舞訓練和比賽都會對讀書有一定的影響，但他在比賽期間儘量擠出時間溫習，希望將影響減至最低。

有一次去澳洲比賽，剛好跟考試撞期，所以他們兩人在飛機上不約而同地拿出書本來溫習，待比賽完了後又在飛機上溫習，回到香港的第二天就赴考了。就這樣擠時間專心學習，他們兩人的成績不但沒有下滑，反而都有所提升。

未來……

　　吳森雋還有一年才畢業，至於之後會不會在體育舞蹈方面發展，他表示教舞是一個選擇，而且看到自己的教練教舞要考慮很多瑣碎的事情，例如學生經常換舞伴、租學校等，他坦言這樣「很辛苦」，自己喜歡中文，更希望的是繼續讀碩士、博士。

原載於《新亞生活月刊》第三十七卷第七期，二〇一〇年三月

假如沒有合一亭

熊辛茹

　　當熹微的晨光透過枝葉的縫隙，在水面灑落粼粼波光，合一亭便從山環水繞之間醒來。先是鳥鳴，繼而人語，然後人聲鼎沸，行人絡繹不絕。條爾夜色四合，人流漸次散去，溫柔的夜色瀰漫開來，合一亭也再度睡去。唯有一輪冷月與遠處的清聲，亙古不變，交相輝映。

　　寒來暑往，日升月落，我已在新亞度過了四個年頭。大一時，我常自海邊的那條小徑歸來，踏着合一亭的月色，回到燈火通明的志文樓。後來的三年裏，我搬至學思，與合一亭比鄰而居。號稱「香港第二景」的合一亭，白天總遊人如織，紛至沓來；而夜晚的合一亭，卻大多人跡罕至，只偶然有人造訪。天朗氣清的時候，和暢的惠風自南中國海吹來，翻動天邊那萬頃碧波、千頃藍田，也吹皺這一池春水。然後天光雲影在水中相逐，引得遊人駐足留影。霪雨霏霏的時節，合一亭也沾了惆悵，不絕的雨水漲滿秋池，讓人不忍顧看。

這樣的合一亭，是新亞人的共同記憶，是筆下眉間懷想的對象。假如沒有了合一亭，新亞的這一泓山水陡然失了靈氣，缺了生趣，如同水墨畫上沒有了點睛一筆。

　　然而，合一亭之於新亞的意義，遠超於山水之外。它承載着新亞先賢對「天人合一」境界的追求，記錄着他們艱辛辦學的篳路藍縷與顛沛流離，傳遞着為信念矢志不渝的新亞精神。在這個以身家論成敗，以品價論尊卑的商業社會中，合一亭如同一輪孤月，照亮昧昧獨行的世人，是守護着民族的精神家園，支撐着信念的脊梁。

　　假如沒有合一亭，那麼連最後的精神家園我們也會失去。我們也許會在喧囂的人聲中迷失自我，在逼人成功的催促聲中漸行漸遠，忘卻了，在褪去一切光環和外在裝飾之後的那個真我，以及對理想孜孜不倦的追求，是不應隨際遇的改變而拋下的。

　　因此，我們需要合一亭來提醒，來紀念不該忘卻的精神追求。但是，我們也要警惕這種紀念流於虛文，止於形式，以致忽略了紀念的真正含義。

　　我曾拜謁廬山的白鹿洞書院。它掩映在草木深處，破落冷清。幾步之遙的一座寺院，卻是人聲鼎沸，香火興旺。我也曾尋訪成都的杜甫草堂。它靜坐在竹林深處，毫不起眼。遊人

們在牌匾下匆匆拍照後，便直接奔赴下一個景點。即便是合一亭，人們也往往沉醉於它的風景，卻鮮有人細讀碑文，體味先賢的淳淳教誨。

我們創造紀念品，是為了方便我們紀念，幫助我們回憶，為了有朝一日，萬一真的忘卻，我們仍能以之緬懷。然而，一旦我們因此拋卻了自己的責任，以為可以憑紀念品代替我們去履行責任，那麼未免淪於捨本逐末，失去了紀念的價值。比如，我們一方面為自己的悠久文化感到自豪，每每驕傲地提起各種劇種或民間藝術，另一方面，卻任憑他們舉步維艱，自生自滅。倘若如此，那我寧願合一亭真的消失，令後人每當看到那缺失的一角，便警醒文化的衰落，痛心精神火種的熄滅。這種椎心之痛，該是比不痛不癢，無知無覺的紀念來得更深刻，來得發人深省吧。

我感到一種聲音催促着我，自書齋中起身，暫時脫離案牘，從世俗冗雜的生活中站立起來。我推開門，朝着合一亭走去。

原載於《新亞生活月刊》第三十八卷第九期，二〇一一年五月

不一樣的生活
—— 在新亞耕作的日子

楊敬雯　鄭嘉韻

　　本期專欄的題目是不一樣的生活 —— 在新亞耕作的日子。聽罷，或許有許多問題自腦海一躍而出：原來新亞內竟然有人耕作？有甚麼人打理？裏面又種植了甚麼東西？這個田地又如何影響着新亞的日常生活？下文將訪問相關的教職員和同學，由馮明釗教授細說園圃源起，同學與大家分享耕作點滴，最後有於新亞種植的知識和趣聞。從日常走到農務，細看新亞中回歸田園生活的一面。

隱於書院之中的農地

　　知行樓外人流來去匆匆，不論是返回宿舍、沿斜坡走去蒙民偉樓上課，抑或到飯堂吃飯，都難免會經過知行樓旁那個以欄柵圍着的地方 —— 新亞園圃。眼見園圃內整齊地分了幾條

田地，內裏生長着不同種類的植物，生機盎然。對於在這車來人往的大都市中生活的我們，耕作一事似乎十分遙遠，而令人驚喜的是，在這人文氣息濃厚的新亞校園中，已有為數不少的人們醉心農務。雖然有些同學認為這園圃只是工友或宿舍的園地，自己沒有插手的餘地，但事實上，這園地更開放予新亞的所有學生，載滿了書院希望全校師生員工一起融入大自然的美好憧憬。

園圃的源起可由前新亞環境委員會主席馮明釗教授娓娓道來。馮教授憶述：早在一九九二年回中大教書的日子裏，覺察到如今長期生活在大城市中的學生不明何為耕種，甚至分不清禾和草。若能在新亞校園中提供良地，讓同學嘗試種植，便可一邊勞動，一邊接觸大自然、認識環保。園圃最初設立於蒙民偉樓原址的草地上，因要興建蒙民偉樓，幾經輾轉搬至知行樓前，成為如今的新亞園圃。不少人都熱愛耕作，如前志文舍監馮統照先生就是一例，師生一同耕作，其樂融融。

園圃內現分為三大部分，包括新亞各宿舍、老師以及專門種植香草的田地，有許多熱愛農務的教職員、工友和學生參與其中，如紫霞的那一道農田由舍監與導師組成有機耕種小組一起管理、種植。

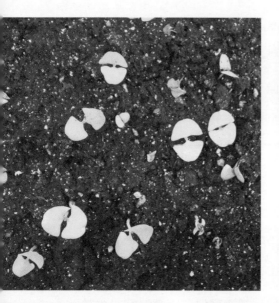

少許付出　美味收成

耕種其實並沒有想像中那樣困難及費時。同學們只需在一開始為耕地鬆土播種。幼苗初長成後分苗，之後早或晚澆一次水，除去野草便可等待植物長成。一個月後便可以使用購買的有機肥料施肥，三個月左右便可收成。或是如紫霞的有機耕作小組般，使用裝上培植土的盆子在紫霞大廳內培苗，然後慢慢插回田中耕種。

種出來的植物，自然不會浪費。現任紫霞樓舍監郭婉鳳女士（Winnie）指，有機耕種得來的植物健康新鮮，於「湯水會」時入膳，同學都會覺得鮮美可口。另外，收穫的菜在環保活動中亦大放異彩。在本年的綠色素食座談會中，舉辦方面邀請到著名的素食及耕種推廣者張弛，一同品嘗紫霞農田中收穫的菜。吃罷爽甜可口的蔬菜，同學們都對有機耕種讚不絕口。

細訴耕作苦樂

在享受到農作物收成的那份喜悅時，當然不會忘記經歷過的困難與付出的汗水。不僅要面對自然環境的災害，有時還有些其他的損害需要預防：

（一）蟲害

新亞校園鬱鬱蔥蔥，農地附近亦有許多樹木。但對於植物來說，樹木不時遮擋陽光，有時更有昆蟲出沒，影響農作物。防蟲有兩種方法：一是耕種一些不易遭受蟲害的植物，如蕃茄、黃瓜、茄子、蕃薯、蘿蔔等，便可免卻驅蟲的煩惱；但若是種植青菜，則要採用第二種方法 —— 人手捉蟲。雖然辛苦，卻可以免卻農藥的禍害，種出天然的蔬菜。

（二）搗蛋的新亞貓

新亞貓樣子可愛，獲得不少同學的喜愛，但亦為耕作者帶來困擾。許多貓隻進入農地，在其中挖洞大小便，破壞農地。為保護農作物，書院曾使用膠網，無奈成效不彰。如今更加設圍欄防貓，但即使如此，部分貓隻仍可越過雷池。書院本年初設置了貓廁所，希望透過收集貓的糞便堆肥，不過目前卻缺乏人手打理。另外，野貓容易感染弓形蟲，人類只要接觸貓隻的分泌物就會受到感染，自身免疫力降低時便引起疾病。因此，即使同學們愛貓心切，也應要多加注意。

現時的耕地主要分給宿舍，由宿舍作宣傳。早年於宿舍間比賽，以農作物重量為評分標準，學生都投入參加。不少同學

亦覺得透過農務得益不少。自二〇〇〇年後有較多的大陸學生住宿，由於留校時間較長，耕種更方便，因此吸引到更多人參與。來自中國內地的宿生 Brandy 也是其中的一分子，對耕種有感而發：「有機耕種需要付出體力勞動，收成時，我親手將生菜拔出，甩掉泥土裝入袋子，然後與宿舍內的同學們分享，在鍛煉身體、親近大自然之餘還能交到不少的朋友。在如今這個消費觀普及的社會中，社交往往都要通過娛樂的消費；反觀有機耕種中獲得的友誼，大家一起勞動，在完全免費的活動中交換真心，感情更為真摯。另外，耕種在我的家鄉十分常見，但在香港這個大城市中能進行有機耕種讓我頗感意外，亦勾起對故鄉的美好回憶。」

原載於《新亞生活月刊》第四十二卷第三期，二〇一四年十一月

本文為節錄

Dem Beat

林漢明

Dem Beat 是香港的大學校園中，一種獨特的學生文化，據說是源自中大。我相信確是如此。每逢有大型迎新活動，或是系屬會新舊「莊」交接期間，便會看見一群一群穿着「莊」衣的學生，口中唸唸有詞，身體手舞足蹈，賣力地演出。

學生要在課堂中 Dem Beat，我亦會盡量在不影響上課的情況下配合。有次有外國交換生經歷課堂上 Dem Beat，憂心地問我：「是甚麼回事？我完全聽不懂！」我安慰他說：「這些內容不會在考試出現，Dem Beat 就像外國大學的啦啦隊表演。」交換生點頭示意明白：「他們是來幫你打氣的。」

某年有訪問學人來訪，接待期間，碰上了新生註冊日學生 Dem Beat。訪客看見校巴站旁邊站滿了學生，一有校車到站，便蜂擁而至，把剛下車的人團團圍住，一面拍掌踏地，一面大聲呼叫。訪客大吃一驚，問我：「學生是否有示威抗議活動？」我不知應該如何解釋，支吾以對：「學生不是在抗議，但也算

（相片由 Victor Fung 提供）

是示威的一種，學生要顯示他們團結的威力，不同學系的學生正在互相比拼實力。」訪客心神稍定，觀察了半刻，對我說：「我看他們傻乎乎的，有威力嗎？」我幫學生申辯一下：「傻勁就是學生的威力。」

也有非中大畢業的同事曾經質疑：「在嘈吵的環境中，旁人沒有可能聽清楚 Dem Beat 的人在喊些甚麼，就算偶然聽到一兩句口號，也不知道真正的意思。」我說：「其實，只要他們自己清楚在喊甚麼便可以了。」同事不同意：「那不是變了高分貝的噪音嗎？」我再解釋：「Dem Beat 的重點，第一是要夠大聲，這可以表現團隊聲勢；第二是要整齊，突顯團結和合作無間；第三是帶頭的人要豁出去，展示承擔和領導能力。內

容是他們的自我勉勵，最重要是他們自己認同。」同事仍感困惑：「中大的傳統真難明。」我再打個比方：「你就把 Dem Beat 看成原始部落的戰舞和祭神舞吧！」同事笑着說：「你們真有童心。」我也笑着回應：「反璞歸真，正是中大人的一個特色。」

原載氏著《教授札記 —— 教學、科研、校園》頁二八〇至二八一

理

新亞人的學問、
事業與理想

導讀

張冠雄

　　位於九龍城區土瓜灣農圃道的新亞中學，眾所周知，是新亞書院農圃道的舊址。校園的下方，有兩條街道盤旋交錯，如眾星拱月，守護着校園，那是天光道和合一道。「光」既可喻意「五千載今來古往，一片光明」，也象徵人性的光輝。於是大光道、合一道連貫起來，便是天人合一。這兩條街道，在書院選址土瓜灣之前早已存在，遷址該處，究竟是有意為之還是無心插柳呢？

　　我們總想為每件事每個行為找出理由，梳理思緒，只是事有湊巧，許多時候往往百思不得其解。所謂「桃李無言，下自成蹊」，真善美，說到底，其實無須刻意美化。一個人如果確信走遍天下無非一個「理」字，那麼走到哪裏都可以堂堂正正，因為真理只會愈辯愈明。看畢一個又一個為追尋真理和公義捨一己之私的新亞人血淚斑斑的往事，你會更加堅信那句說話：「我們活在世界裏，我們是世界的一部分；我們改變，世界就會改變。」（陳惜姿於〈罷課中的校園〉引周保松的名言）

　　從保釣運動、反對不合理的制度、反對社會暴行到為各種不公義發聲，都可以看見新亞同學的足跡。回顧歷史，不難發現，大多數運動，都好像不了了之。於是不少人開始懷疑：做那麼多的事，犧牲了課堂學習的時間，放棄了遊山玩水的雅致，值得嗎？

　　但新亞的故事告訴大家，每個年代都有自己的悲痛，四十多年前已經有同學為「新亞精神」已死而慟哭，然而「繁枝容易紛紛落，嫩蕊商量細細開」，新亞走過七十年了，為理想為正義走出來的同學仍在。薪火相傳，新亞精神並沒有因為被忽視、被奚落、被抹黑、被刁難而枯萎。前輩常提醒同學們不要捨本逐末，要解決問題，當從根本着手。對，新亞學子們從

挫折中積累經驗，據理力爭，不斷完善改進，那未嘗不是學習的重要一環麼？而社會大眾事實上也亦步亦趨，慢慢跟着改變。他們曾經的付出，並沒有白費。當中有更多的，是無名英雄。看畢他們尋真以誠、求理達明的經歷後，就想起那句老話：「不怕花落去，明年花更好。」不對嗎？

現代大學生的錦囊
—— 新亞書院學規

家有家規，行有行規，學校也有學規。「學規」和「學則」或「規則」不同。後者好像社會上的法例一樣，詳細條列各種規定和守則，學生必須嚴格遵守，不然便會受到懲處。**學規是要來指引學生治學修身的大原則、大方向，雖然沒有明確訂明對違犯者的懲處，但其對學生的影響是深切著明的。學規也是一所學校教育理想和辦學精神最忠實的反映。**因此，中國古代著名的學校大多訂有學規。例如，宋代大儒朱熹主講白鹿洞書院（位於江西省星子縣北盧山五老峯下）時，綜合了「古昔聖賢所以教人為學之意」，手訂著名的「白鹿洞書院學規」，勉戒諸生「相與講明遵守」，培養了不少傑出人才。

新亞書院學規由錢穆先生、唐君毅先生、張丕介先生等創辦人幾經研議共同擬訂的，具體地揭示新亞書院教育理想和精神。在五十年代和六十年代，「學規」經常刊印於新亞

學生和校方出版的刊物上，例如學生編印的《新亞書院校刊》（一九五二年六月創刊）和校方編印的《新亞書院概況》（年刊，免費分發全校師生）等等，都以顯著的篇幅刊載學規。故此，校方雖然沒有明文規定學生必須記誦這份文獻，但不少學生自動自覺地「隨時誦覽，就事研究」，默默地奉為求學做人的指引，影響深遠。

很不幸，自從七十年代初期遷入沙田現址，尤其是《新亞書院概況》自一九七六年起停刊以來，新亞書院學規再沒有公刊過，消聲匿跡整整十個年頭了。近年，絕大部分新亞學生已不知道新亞學規的存在了，誠屬憾事。

我在學生時代便深受新亞學規啟迪，直到現在對學規昭示的某些崇高理想和具體規範，雖不能至，而心嚮往之。其實很多新亞校友都分享我的經驗。因此，我相信**所有新亞學生都應該熟讀新亞學規，作為求學、修身、處事、接物、生活的指引。**最近，我提議《新亞生活月刊》重刊新亞學規，並曾向全體修讀新亞通識教育導讀的五百位一年級同學鄭重講解這份發人深省的文獻，獲得熱烈反應，很感安慰。

新亞書院學規共二十四條，表面看來似是一大堆迂腐的道德教條，十分老土。其實，只要我們仔細閱讀，就會佩服創校諸先生敏銳的時代觸覺和崇高的教育理想。學規的內容可分四

大部分，每一部分都佔六條。

（一）求學目的（第一條至第六條）：強調求學與做人貴能融通合一，做為愛家庭、愛師友、愛國家民族、愛人類的中心基礎。

（二）為學步驟（第七條至第十二條）：主張只作通人再成專家。

（三）治學門徑（第十三條至第十八條）：提示學生必先尊重活的完整人格的師長，不可偏重死的分裂的課程學分。

（四）學業與生活（第十九條至第二十四條）：鼓勵學生把學業與日常生活及內心修養打成一片。

學規所訓示的都非常平實，切合現代大學生的實際需要，提出了具體可行的途徑，幫助學生修養性情、提升意志、鍛鍊品格；這裏沒有教條，不唱高調。學規的語句又是那麼誠懇、親切、淺白、流暢可讀，情理並茂。我們甚至可以說，新亞書院學規和白鹿洞書院學規一樣，都足以成為中國思想史和教育史上極其重要的文獻。新亞學規更是現代窘乏苦惱的大學生求學做人的錦囊，不但屬於新亞書院學生的，也屬於中文大學乃至全香港和全中國大學生的。讓我們珍惜這個錦囊，「隨時傳誦、就事研究」吧！新亞同學們，讓我們帶領重視新亞學規，認真地不斷地「相與講明遵守」吧！我希望您們身體力行新亞

學規之餘，把其中義理對您們的同學朋友和兄弟姊妹「相與講明遵守」，將來也對您們的學生和子女「相與講明遵守」！

新亞書院學規

（通識教育參考資料）

　　凡屬新亞書院的學生，必先深切了解新亞書院的精神。下面列舉綱宗，以備本院諸生隨時誦覽，就事研究。

　　一、求學與做人，貴能齊頭並進，更貴能融通合一。

　　二、做人的最崇高基礎在求學，求學之最高旨趣在做人。

　　三、愛家庭愛師友愛國家民族愛人類，為求學做人之中心基礎。對人類文化有了解，對社會事業有貢獻，為求學做人之嚮往目標。

　　四、袪除小我功利計算，打破專為職業資歷而進學校之淺薄觀念。

　　五、職業僅為個人，事業則為大眾。立志成功事業，不怕沒有職業；專心謀求職業，不一定能成事業。

　　六、先有偉大的學業，才能有偉大的事業。

　　七、完成偉大的學業與偉大事業之最高心情，在敬愛自然，敬愛社會，敬愛人類的歷史與文化，敬愛對此一切的知

識，敬愛傳授我此一切的知識的師友，敬愛我此立志擔當繼續此諸學業與事業者之自身人格。

八、要求參加人類歷史相傳各種偉大學業偉大事業之行列，必先具備堅定的志趣與廣博的知識。

九、於博通的知識上再就自己才性所近作專門之進修。你須先求為一通人，再求成為一專家。

一〇、人類文化的整體，為一切學業事業之廣大對象。自己的天才與個性，為一切學業事業之才能。

一一、從人類文化的廣大對象中，明瞭你的義務與責任，從自己個性的稟賦中發現你的興趣與才能。

一二、理想的通才，必有他自己的專長，只想學得一專長的，必不能具備有通識的希望。

一三、課程學分是死的、分裂的，師長人格是活的、完整的。你應該轉移自己目光，不要儘注意一門門的課程，應該先注意一個個的師長。

一四、中國宋代的書院教育是人物中心的，現代的大學教育是課程中心的。我們的書院精神是以各門課程來完成人物中心的，是以人物中心來傳授各門課程的。

一五、每一個理想的人物，其自身即代表一門完整的學問；每一門理想的學問，其內容即形成一理想的人格。

一六、一個活的完整的人，應該具有多方面的知識；但多方面的知識，不能成為一個活的完整的人。

一七、你須透過師長，來接觸人類文化史上許多偉大的學者；你須透過每一學程來接觸人類文化史上很多偉大的學業與事業。

一八、你須在尋求偉大的學業與事業中來完成你自己的人格。

一九、健全的生活應該包括勞作的興趣，與藝術的修養。

二〇、你須使日常生活與課業打成一片，內心修養與學業打成一片。

二一、在學校裏的日常生活，將會創造你將來偉大的事業，在學校時的內心修養，將會完成你將來偉大的人格。

二二、起居作息的磨練是事業，喜怒哀樂的反省是學業。

二三、以磨練來堅定你的意志，以反省來修養你的性情。你的意志與性情將會決定你將來學業與事業的一切。

二四、學校的規則是你們意志的表現，學校的風氣是你們性情的流露，學校的全部生活與一切精神是你們事業與學業之開始。敬愛你的學校，敬愛你的師長，敬愛你的學業，敬愛你的人格。憑你的學業與人格來貢獻於你敬愛的國家與民族，來貢獻於你敬愛的人類與文化。

求學與作人貴能融通合一 —— 新亞學規箋註之一

「新亞學規第一條謂『求學與做人，貴能齊頭並進，更貴能融通合一』。為了達到這一目的，新亞的教學方法，提倡宋明書院的講學精神及西歐的導師制度。過去對於這些教育理想雖然還沒有完全實現，但總在這個方向上努力。」

「白從中文大學〔於一九七六年〕改制以後，要實現新亞原有的教育理想，便必須付出更多的努力。我們無須為現實的困難而氣餒，因為一切理想在現實的過程中，都必須遭遇到現實的考驗。新亞的理想一天比一天落實，便必然會一天比一天受到現實更多的限制。但我們深信，新亞的教育理想應當是香港中文大學的理想，也應當是這個時代為中國青年辦大學的共同理想。因此，現實的艱困正是我們所當克服的。在中文大學改制後的今天，推行學生為本的小組教學，設立錢賓四先生學術文化講座等，其精神都是一脈相通的。」

—— 引自《新亞》(香港中文大學新亞書院，一九七九年)，頁二十九。

原載於《新亞生活月刊》第十四卷第六期，一九八七年二月
作者時為新亞書院通識教育委員會主席

書院制度有好處嗎？

梁秉中

　　不少校外人士，很奇怪中文大學為甚麼是一所大學，還要分開四個書院。三十年前到過馬料水崇基學院，又到過農圃道新亞書院的人，當記得中大的形成，乃由三間學院（包括聯合書院）的組合，其過程中有不少別扭。因此，書院制度，是否歷史的包袱呢？

　　萬事以經濟效益作為取向的社會賢達，包括管理層諸公，或者撥款委員，都奇怪中文大學四所書院既浪費資源，為甚麼不索性取消呢？四所書院，在行政院務方面，的確需要大量輔助人員，增加整體開支。

　　校外人士對中大缺乏了解，乃情有可原。可是，今天說來，不少校內高層人士、書院內部分同事，都不理解。歷年來，校方慢慢地削弱書院的實權：不增加資源、不添加行政人員、不賦予特殊任務、不鼓勵書院找尋新路向。最好是繼續存在，做個大學的點綴。

當前七所專上學院各展奇謀，務求發展出風格，滿足大眾期望，勝過其他院校。我校優勝的地方，其他院校可以針對性地、隨時地抄襲競爭。獨是中大的書院制度，無人可抄襲。

書院制是中大的特有安排。書院制給予中大傲視同群的機會。

為甚麼？

首先，一萬多名學生的大學，需照顧同學的智育、德育，要鼓勵他們勤於鍛煉，學習組織群體生活。靠行政中央去策動，哪能滿足需要？除非所有同學都入住宿舍，可以由宿舍為引導中心。可惜宿位不足夠，已經是普遍的問題。四所書院，正好分擔全面照顧同學，效果應該好得多。

四所書院各有不同的歷史背景。新亞崇尚中國傳統文化、語文、藝術，崇基有基督教背景，神學音樂出自教堂。聯合傳統注視本港政經、行政管理。逸夫既屬新創，自然與本港時尚流行文化分不開。

傳統和條件是存在的，可是，四所書院有充分發展嗎？校方有指示四所書院力謀發展嗎？

其次，大學有責任照顧同學的德性培養。同學人數超過一萬人，要給同學廣泛提供德育機會，由中央大規模安排來得有效呢？還是分開四個重點，由四個書院負責比較容易呢？按照

常理考慮，總是分開來工作比較方便有效吧！

　　有人說，分工不必要倚靠書院制度。比如香港大學，留宿的同學都有很好的群體訓練，和培養德育的機會。不錯，宿舍是同學培養德育的地方。可是，領先七院的中大，也只能提供不及半數同學留宿的機會。

　　如果競爭是人類進步的重要條件的話，四所書院，可以在不同的領域上互相交流、互相促進。文娛活動可以聯辦。學術性的興趣小組，如攝影學會、戲劇社、天文學會等，可以獨立開展活動，同時又互相呼應，公平競爭。談到體育項目，便更容易理解。如果體育項目，能以多角形式進行，由書院作單位，組織屬於書院的宿舍，由宿生和走讀生，為自己的書院效力，競技當中的熱鬧氣氛和融洽的情況，可想而見。

　　我們一直討論的，屬於輕鬆的活動。其實各書院還有它獨特的傳統、氣質和進取路向。比如新亞着重傳統文化、中國語文、藝術；崇基有基督教的優良傳統，同時發展音樂；聯合強於政治行政，以及本港文化活動；逸夫不背負歷史包袱，正好發揮流行文化等等。我只是隨便按照可見實況說說，希望不會引起誤會。其實每個書院都有它自己的傳統和大計，非外人能深入理解。我的信念是：只要書院獲得鼓勵去發展，它將昂然奮進，走到它該到達的地方。只要校方不是說說便算，倒是

實實在在地推動，書院都能循着自己的傳統和抱負去發揮，積極參與同事和同學的工作。不限於福利、聯誼，還要照顧不同層次的學術活動，關注社會的需要，繼而積極為同學準備，投入服務社會的行列。大學生如果局限於吞噬知識，或者專業訓練，只求謀生伎倆，不審人生之道、不懂社會責任，是多麼的可惜。書院制度，如果能加以發揮，應能負起引導同學德育、群育的責任。

今時今日的香港，要全面教育大學生，真不容易。有書院制度的幫助，是否會較有利地發展呢？我深信如此。

再以新亞書院為例。不久以前，一個同學感慨書院精神蕩然無存，在報章上發表了消極的控訴。一位資深校友感慨地作出了回應，說時代不同了，新亞精神不復現，只在意念中存在。

同學和校友既珍惜新亞精神，又看不到它的具體表現，因此只在意念中存在。如果書院制度能繼續發展，不只是點綴，情況當然大異。新亞精神遍及所有專業學科內，無論是文史哲等傳統科目，還是工商管理、理科等等。憑着新亞精神的傳統，我們有條件增加與同學的接觸，廣泛吸收同事的支持，把同學引導到艱苦奮鬥、關心社會、中國、世界的道路上。艱苦奮鬥、關心社會、中國和世界，算得上是宏觀的新亞精神吧。

書院制度的正面發展，將把被遺忘中的傳統，只在意念中

存在的精神，納入正軌。

原載於《新亞生活月刊》第二十三卷第一期，一九九五年九月

作者時為新亞書院院長

本校第九屆學生會修章研討營報告

葉家儀

日期：一九七二年七月十四日至七月十六日

地點：聯合書院湯若望宿舍

宗旨：就第八屆學生會評議會修章委員會草擬之新會章，多方
面探討學生會的組織和結構；又將現有制度和新會章草
案作一比較，從而改善、修正或取捨。

先就新會章草案之特點略述如下：

一、組織結構上的改變：取消二權分立（指評議會及幹事
會），而以代表會（議會主權）代之；代表會中有各系系會代表
及幹事會幹事。換言之，代表會即類似現今的幹事會評議會聯
席會議。

二、幹事人數的減少：現時制度，學生會幹事會幹事每部
二人，而草擬會章則主張每部幹事一人。

三、選舉制度的改變：現制度下的幹事長及幹事候選人均
由各系會提名，幹事長候選人可依法於一定期限內組閣。新會

章草案中提出自由組閣的方法，以鼓勵同學參與學生會工作。

（壹）對學生會新會章草案各團體聲明

〔一〕社會學系系會

1. 為了學生團體之齊一及團結起見，我們對各學生團體均
   需要向學生會註冊一項意見，表示贊同。

2. 為了能給予各同學有充分機會參與學生會之工作，我們
   歡迎將學生會之選舉制中的兩項修改：

   　　甲、放寬學生會候選幹事的選舉限制；

   　　乙、增加普選評議員。

3. 我們就純理論架構而言，贊成將二權分立制改為議會主
   權制，理由：

   　　甲、議 會 主 權 將 議 決 的 程 序（Decision Making
   　　Process）縮短了，使學生會的行政效率加速。

   　　* 二權分立制：

   　　幹事會議決（1st Decision Making Process）

   　　→評議會議決（2nd Decision Making Process）

   　　→執行

   　　* 議會主權制：

代表會→執行（單一 Decision Making Process）

乙、議會主權制對於二權分立制而言，確能減少敵對態度的出現，原因：

A）可以減少隔膜或少交往而引起之衝突。

B）就制度本身而言，議會主權制的單一團體比二權分立制的二分團體確能減少衝突關係的出現。

C）就議會主權制的理想模式（ideal type）而言，既然是代表與幹事一起坦誠地議決問題，故此不需要有監察幹事會議決的功能，亦可減少誤解與衝突的出現。

故此，就理想模式而言，我們贊成以議會主權制代替二權分立制。但是，我們強調理想的結構與現實的人際是有距離的。制度本身是可行的，但人如何適應此制度才是問題中心。如代表仍抱有批評、挑剔，結果敵對，則不合作或左右會務進行的現象仍是不可避免的；又如幹事不能適應此制度，結果可能會發生敵對及壟斷會議的情形。所以在考慮到改制問題時，需要考慮到人的適應（adaptation）問題；故此，在考慮到人的適應性時，

我們是作「相當程度」保留的。

此外，如要有效地推行議會主權制，新會章仍有很多重新考慮的必要。

4. 至於幹事人數的減少，我們是不贊成的。我們建議將投票權改為每部一票。

〔二〕電影學會

就有關修章問題，電影學會曾召開幹事會討論。茲有數點意見，謹希　貴會能加以討論。惟此等意見，僅代表幹事會，並未經會員通過。

甲、學生會會員問題：我們以為香港現時之學界形勢，似應採用當然會員制，即：每一新亞學生應為學生會會員。此舉實可令學生會有群眾基礎，使能促成一股勢力。又若每一學生均為會員，則能使同學有歸屬感，並可助其投入學生會之工作。對於學生有自由選擇會籍之意見，我們以為此僅屬理想，目前情形，實未能施行。

乙、代表會之制度：我們以為此制有極多弊端：首先為召開會議十分困難，引致頻頻流會。其次，此制極易造成「結黨」。原則上，我們以為修補更勝改革，就現行之評議制加以修補，如仿效聯合書院之監議制。

丙、贊成自由組閣，因此制可令組閣時，收到人盡其用之效。然應有一定之限制，以免過於草率及有權力壟斷之弊。

〔三〕藝術學系及數學系系會

甲、我們同意：

1. 新會章中以代表會替代評議會，但希望規定所有代表都要同時是系會幹事。

2. 自由組閣制。因為在此制度下幹事之間容易有默契，有利會務之進行。

3. 新亞同學必然為新亞學生會的會員。

乙、我們反對：

1. 新會章中削減幹事人數。我們認為幹事數目及職位應維持原有人數。

2. 新會章第六章甲項會員大會可開除會員會籍：既然可以除去同學會籍，為甚麼不讓同學選擇入會與否之權力呢？

3. 新會章中沒有明文規定時委會之組織及目的。我們認為時委會對學生會有很大之助力，必須制定其結構及職權。

〔四〕工商管理學系系會

本系會暫不對以前，現在及將來之新亞學生會及評議會之

優劣點予以評價。唯我們既是新亞的一分子，自應對學生會有所改進之各種可能性，予以全力支持。

〔五〕中國文學系系會

甲、我們覺得學生會是學校的一部分；同學進入學校讀書，很難不與學生會發生關係。或有人以為：學生會標榜自由民主精神，若強逼同學加入，便有違自由民主。但在現今社會的自由民主，實在以不妨礙他人的情況下存在。同學若對學生會有任何一方面不滿意，可依會章之合法程序提出意見。所以我們認為：學生應該是學生會的當然會員。但在提出的新會章第六章懲治甲項中有開除會員會籍一事，我們認為學生會既有權力開除會員會籍，亦必須讓同學有選擇加入及退出學生會的自由；不然，這對同學來說是絕不公平的。

乙、新會章以代表會取代評議會。而代表會本質上和評議會並無很大差異，也不能解決評議會與幹事會之間的摩擦與對立，或者更有甚之（代表會常務會議等於以前的聯席會議。假如根本問題不能解決，會議的程序將會混亂不堪，直接影響學生會的行政效率）。我們主張從舊會章中作出合理的改善，首先革新評議會本身。

譬如：規定各系委出的評議員，其中一位必須為系會幹事

（不包括系會正主席在內）。這樣可使評議員有較大的責任感，亦可以加強學生會與系會的聯絡。

在選舉方面，我們贊成新會章的自由組閣制；但為防止組閣過濫，或某一院同學壟斷學生會，我們提出一個折衷辦法：候選內閣必須包括文、理、商學院至少兩位閣員在內（其他方法可再加討論）。

丙、學生會是學生的團體，有義務為同學之喉舌，為同學爭取福利，提高學術氣氛，及作為校方與同學間之橋樑。在冷靜與合理的情形下，提出校政改革等等。另一方面，學生會亦有責任培養及提高同學的社會意識。理想的學生會是一個內外兼重的學生會，應該鼓勵同學多參與社會工作，把書本上的理論應用實踐。至於學生會本身參與社會或政治性的運動，基本上同意，但仍得看個別事件而定。

〔六〕哲學系系會

茲依新訂之會章草案的三大特點表示立場如下：

甲、組織結構之改變：本會懷疑議會主權制是否較分權制更能保持民主之運行。實未見其理據。其次，由分權而起的摩擦，在某方面應是互相監察的一個良好現象。至於流於意氣之爭的摩擦，只表示當權者對於民主制度運行之缺乏了解或蓄意

違背。此弊往往在於人而非在於法制。

乙、幹事人數的改變：此方面需要徵詢幹事會在實際方面之意見。雖謂中大學生會統一對外之工作，成員學生會之工作是否減輕？又是否減輕至足以每部只需要一位幹事便可？此必須考慮擔任幹事之同學仍有一定的課程負擔。至於方便新幹事會之產生，應於選舉法方面改善，不宜削足適履。

丙、選舉制度之改變：本會原則上同意現行之選舉制度對組閣有不必要之牽制，如絕大多數之閣員需在系會提名之名單內選出，此處實可放寬。然選舉之結果，乃影響整個學生會下一年度的表現。選舉制度不能過於放濫，破壞大選的莊嚴性與當選者之榮譽感。

〔七〕化學系系會

本代表團對修章委員會所草擬之新會章草案作出簡短之立場如下：

甲、原則上贊成所擬之議會主權制；惟其細則須經是次研討會詳加探討。

乙、有關幹事人數問題作出建議如下：為了維持各部之工作效率，應視其所需之人數而作出決定。但為求達到投票權之平衡問題，各部只有一投票權。

丙、贊成自由組閣；但選舉過程，應有相當程度之限制，以免權力之壟斷。其次，各候選內閣之資格，亦應有一定準則，以免草率。

在研討營中，各代表均肯定現行制度（二權分立制）有弊端，必須加以適當之修補，而贊成深入研討議會主權制的精神。

（貳）討論學生會之代表性問題

學生會是在自由民主選舉制度下產生，為全體同學投票所選出，由群眾賦予法定地位以執行其職務，故其代表性不容置疑。

然而在其執行決策時能否真正代表「全體同學」或「大多數同學」，則有待批判。

（叁）討論學生會之民主精神

學生會之選出，乃基於民主精神；其施政大綱，係經會員大會通過；執行職務時，亦受會章限制，並有評議會之監察。整個組織為一自由民主結構，以民意為依歸；同時學生會尊重不同立場的意見，並接納有建設性的提議，如藉用學生報、意見箱及佈告板等，作為同學表達意見的途徑。

（肆）討論學生會存在的意義

學生會除為一具有民主精神及代表性的組織外，更為一培養民主自治及德、智、體、群、美五育之機構，故學生會的意義可以肯定。

（伍）討論學生會會員資格問題

一個本質上民主自治且具有代表性的學生組織，是值得同學加入的。學生會為代表全體同學的組織，故作為一校的學生，應為學生會之當然會員。

此外，校方與學生會共同負起大學教育生活的責任；學生既進大學，自當成為學生會的會員。

（陸）討論學生會與個人關係

個人與學生會的關係，即是雙方的各盡義務與權利。

1. 學生會應主動發掘人才，帶領同學投入學生會各項活動。

2. 個人亦盡量參與實際工作，對學生會作批判性及建設性的提議。

（柒）討論學生會與屬會及興趣團體的關係

1. 各興趣團體須向學生會註冊；

2. 遵守學生會之議決；

3. 在平等互利的原則下，其行政自主，並有上訴權。

有關各屬會及興趣團體會員參加代表會問題：

1. 獨立會（系會）有當然代表席位（數目依比例而定）；

2. 各興趣團體亦可派出代表參加競選，惟須經其幹事會通過；

3. 以個人身份參加競選，應有十人（基本會員）聯署支持。

（捌）討論學生會與校方之關係

1. 學生會與校方二者地位應平等；

2. 學生會應以書面提供資料以供校方參考，並透過會議方式代表同學向校方表達意見；

3. 會章中明文規定「師生聯合諮議委員會」之學生代表應向學生會某一組織負責；

4. 學生會應積極參與校政諮議，從而轉告一切有關校政給各同學，使學生會能真正成為校方與同學間溝通的橋樑。

（玖）討論自由組閣問題

1. 會長（幹事長）及二位副會長候選人，應由各系會、上屆評議會及幹事會推薦；

2. 至於候選內閣幹事，則無須加以任何限制，客觀環境必使會長（幹事長）候選人盡量徵集各院系同學為候選幹事。

候選內閣之合法地位：需要二十位非閣員聯署支持。

（拾）討論學生會組織制度問題

1. 現行二權分立制各項決策，首經幹事會決定，再提交評議會審查，然後執行；故需時頗多。然議會主權制則可將決策之進行時間縮短。

2. 各制度實行時的流弊，往往在於人事而非法制；因此，人事問題應於制度問題以外討論。

各出席代表一致不反對不久將來採取議會主權制，更有代表提議作「多年計劃」，逐步推行。

又，無論將來施行何種制度，本營大會議決：

A）採用自由組閣制；

B）幹事人數不變（即每部仍為二人）但只有一投票權。此報告書中各項提議，將於九月提交會員大會討論。

有關評議員之席位問題（或將來代表會之席位問題）：

甲、各系會將會派出當然代表。

乙、此外，尚有其他席位，乃由普選（指經選舉大會或全
民投票）選出。

普選之選舉方式：任何候選人，須經系會、興趣團體或個
人提名之方式。惟詳細細則，得由選舉委員會公佈。

研討營工作人員

主席：鍾兆堅；

秘書：李蘊為、楊紹峯；

總務：葉家儀、方邦興；

財政：來偉明；

舍監：男 —— 葉家儀；

　　　女 —— 劉淑娟；

膳食：黎曼薇。

參加研討營單位代表

哲學系會：李瑞全；

中文系會：方良柱、夏淞；

歷史系會：朱鈞安；

化學系會：李秋廣、羅滌平、許遠光；

生物系會：何汝材；

工管系會：葉錦霞、梁醒民；

經濟系會：劉振強；

社會系會：馮志堅、曾榮光、任信華；

數學系會：陳漢森；

藝術系會：蘇思棣、何笑屏；

幹事會：周錫輝、麥志毅；

評議會：鄭振榮、鄭廣桓、黎達昌、文浩祥；

（英文系、物理系、新聞系三系會無代表。）

最後，本研討營得以順利完結，我們謹此向各系會、各代表及各工作人員致萬二分之謝意。同時，對於未能派出代表之單位深表遺憾。至於新會章之草案，尚有待修章委員會就是次研討營之意見、將草案更正至更為完善，始能提交於會員大會中通過。

望各同學能在草案提交前對該份新會章草案先有更深之認識，始能作出明智之決策。

—— 本文乃由大會秘書記錄 ——

原載於《新亞生活雙周刊》第十五卷第二期，一九七二年九月十一日

香港青年應有之自覺

鄭建南

　　香港近年來，無論在哪一方面，都顯示出在作幾何級數式的發展。同樣，社會問題的增加，也和各方面的發展速率成正比例。

　　各類問題中，較難解決的是青年問題。青年問題雖然是近數年來才被普遍注意的問題，但是它的潛滋暗長，實則源流遠長，並非始於最近。

　　要了解香港的青年問題，必須先理解它的複雜背景。如所周知，香港仍然是一個殖民地，是一個華洋雜處的社會；而它的居民，百分之九十八以上為中國人。

　　由於香港擁有近四百萬的人口，而面積又小得可憐。偌大數目的人口聚在狹小的土地上，生存的競爭自然較諸其他地方為劇烈。在一個功利社會裏，富的不斷尋求更多的利益，或耽於享樂；貧的則為了維持生計，而整日奔波。這樣一來，無論貧富，都無暇照顧到下一代的教養；他們的子女，都因為得不

到應有的家庭溫暖而轉向外面發展。基於物以類聚、人以群分的道理，這些青年很容易的嘯聚成群；假如他們不走正途，便會形成擾亂社會治安的一股動力了。

其次，教育制度的不當也是造成青年問題的因素。有人謂香港青年問題的造成，應歸咎於考試制度；其實，這是不切實際的而又短視的說法。因為考試雖然是教育制度中的一環，但它是死的，而人是活的；活的人而受制於死的形式，那是可笑的。故此，我們應把教育與考試分開，不可混為一談。一位西哲說過：「教育的最終目的在完成人格」，而考試不過是用來測驗學生進度的一種方法而已，不是教育的目的。

香港的教育，也極其複雜；最高當局所頒佈的教育制度，只重學科，而忽略了學生品德的陶冶。同時，由於社會的不良觀念，造成了只重成績，不理德行的風氣。因此，各類學校俱注重智育，而忽視了德育。我們已經提過，一般青年，在家庭得不到應有的教育，進入學校，又缺乏了同樣的薰陶。家長以自己無暇管教兒女，便把他們送入學校，由學校去教育；可是，學校方面也並未做到這點。於是，大部分勤力的學生變了只知書本，不理世事。成績較差的得不到鼓勵，更無心書本，「自顧自」地向校外尋求享樂去了。這是教育不當所造成的現象。

此外，香港為國際性的都市；西風東漸時，吸收了外國的文化，但並不徹底。一些青年既缺乏家庭溫暖，在學校中又得不到應有的德育，便轉向社會發展。由於這是個受歐風美雨影響的畸形社會，人人都醉心物質享受，孳孳為利。青年生長在這樣的社會中，耳濡目染，自然會接受此風氣的影響，也學人賭博，搞色情活動，終於日趨墮落而不可自拔了。

另一方面，香港的中國青年是極不幸的；也可說是極幸運的。不幸的，是他們生在這個大動亂的時代，有家歸不得，投筆有懷，請纓無路；同時又處身於這個腐化墮落的畸形社會中，不平、黑暗，已使他們深惡痛絕；加上對政府政策的不滿；種種情緒鬱結於心，自然會造成消沉的現象。幸運方面，是在大混亂的年代中，可以接受到種種的考驗；可是，又有誰能真正受得起此等考驗呢？

綜合各種因素，可見青年問題是根源於得不到應有的家庭及學校教育，又受到社會不良風氣的影響，再加上對現實不滿，很容易造成反動的情緒，在適當的時機會爆發出來。

我們試看一九六六年四月因天星小輪加價所引起的騷動事件。首先發動示威的是青年；騷動的參與者絕大部分也是青少年。假如有人曾在事後到騷動現場巡禮的話，真會想不到造成災禍如此慘重的竟是青年人。

再者，前年的七月政治風暴，捲入漩渦而幹出為害社會事件的也是受人利用的青年人。這些青年人，姑不論其政治背景，他們之不顧同胞生死、縱火、放置炸彈的行為，使人覺得這些青年已喪失了良知，簡直是瘋狂了。但他們仍執迷不悟，真令人浩歎。

我們知道，無論在實行哪一種制度的社會裏，青年都是最重要的。說句濫調，他們是未來社會的棟樑。他們是舊的一代的接班人，新的一代的開創者。青年是負有承先啟後、繼往開來的責任的。一個社會，假如沒有青年，或是他們群相趨於墮落，則這個社會，實無異於一座棟折樑崩的房子，又焉有不崩潰的道理呢？因此，香港青年應該明白他們的責任；要明白所負的責任，便先要自覺。

香港青年，也的確有了自覺；但那是指受到較高教育的學生而言，並不包括其他的在內。最近，專上學生相繼舉行了「青年領袖研討會」和其他關於青年問題的研討會。這都是可喜的現象，可是一般青年，還未引起共鳴；所以我們覺得仍有鼓吹的必要。

香港青年應有之自覺，應該是思想與行動兩方面的自覺。這是必然之理，因為有了思想上之覺悟，才有行動上之自覺來配合，方能根本地解決青年問題。

首先，是思想方面，青年應該明白，在香港這個畸形社會中，不平的現象到處都是，要使它從根本上一下子翻過來，事實是做不到的。既然做不到，則不妨暫時放下不滿的情緒，設法去接受它好的一面；改革是要假以時日的！

　　同時，香港青年要明白他們的責任，在推陳出新、注重建設，而並不是一味的搞亂與破壞。至於如何建設或改善，則必須要靠知識與學問，而學問的來源是書本。故此，青年必須要勵志向學，才會有精密的思想；有了思想，便不容易為不良分子所利用，進而做出為害人群的事了。

　　有一點香港青年應該要理解的，就是香港雖然仍為殖民地，但它有充分的自由。我們應該把握這難得的自由，充分利用這環境，吸收各方面的知識；如此方會養成客觀的態度，明白民主社會與極權社會的分野，則絕不會有不滿的情緒出現，代之應是清明的頭腦了。

　　其次，是行動方面，香港青年應該從行動方面去表現他們的自覺。多參加些正當的娛樂，正當的活動；多做些有益人群的事；不妨加入一些福利團體，以工作代替胡思亂想。此外，舉辦一些青年會議之類，關心一下社會上及世界上所發生的事，都是好的表現。

　　例如專上學生自動發起組織研討會或其他青年組織，都是

很好的自覺。不過，如要組織青年黨參政，此行動則未免過激與不切實際了。因為，青年之自覺，在表示他們已經明白他們的責任，而將過往的不正確地方改正過來；並不須急功近利，立刻把這個社會接管過來。況且青年時期，還是一個學習與吸收的時期，實不宜有任何過猶不及的行動。

　　青年問題是潛伏着的社會危機。如何消弭此危機，除社會人士應設法疏導外，我看最重要的還是在青年本身的自覺。解鈴還須繫鈴人，求人不如求己，這是值得今日香港青年所應當警惕自勵的。

原載於《新亞生活雙周刊》第十二卷第一期，一九六九年五月十六日

國語就是力量

劉若愚

日前在中央副刊上，讀到一則趣譚，作者的意見與筆者不謀而合，敬錄如下：

國語就是力量　德楨

《國語日報》社長洪炎秋先生，數十年來對於國語的推行不遺餘力。有一次，他在街上，看到牆壁上貼着一張標語，上面寫着：「國語就是力量」。他頓有深獲我心之感，並想知道是哪個單位張貼的，於是抬起他的深度近視眼湊前細看，原來上面寫的卻是：「團結就是力量」。洪社長就別有所悟了。

在海外炎黃子孫中，最能了解國語就是力量，提倡國語最力的，恐怕要算李光耀先生。他勸大家在家中不妨講自己的家鄉話，但一出家門，在學校、在社會，便要講國語。他推行國語的方法，是在學校中的中文課，一概用國語教授，廣播

一律用國語。人民覺得十分合理，非常合作，績效甚佳。試問在一個擁有各地的華僑，而各地的華僑都講自己的方言的地方，若不提倡國語作為共同的語言，作為聯繫感情、溝通意見的工具，必然會各自為政，互爭雄長，成為四分五裂的局勢，其結果是可以想像得到的。這就如同在一個家庭中，沒有共同的語言，各人講各人的話，甲說的乙不懂，乙說的甲不知，家中的人彼此成了過路的人。要建立一個讓人人互助，人人覺得溫暖，團結一致，充滿着父母的慈愛，子女的孝敬，手足的情懷的一個名副其實的家庭，首要的條件是全家人學習共同的語言。國語就是我們這個大家庭的共同語言，國語就是團結的首要因素，國語就是團結、國語就是力量。

據說人類是由同一的祖先繁衍的，講同樣的語言。後來人類敗壞，上帝要懲罰世人，讓他們互相殘殺，所採用的方法，便是教他們各種族說自己的話，彼此無法溝通意見。由誤解而猜疑，由猜疑而仇恨，由仇恨而殘殺，由殘殺而報復，循環不已，各民族間的戰爭，此起彼伏，世界便無寧日了。

我們新亞書院的同學，無論是中國人或友邦人士，都有一個喜歡講國語的好習慣。去年夏天，在校園中歡迎錢校長伉儷回校講學的茶會上，學生會主席用極流利的國語致歡迎詞，各友邦的同學也用很純正的國語與錢校長伉儷交談，就是很好的

證明。

我們新亞書院開的課程，也有一個特點，就是除了用英文講授的課程以外，一律用國語。這與孔子講學的精神是一脈相傳的。春秋的時候，人們所說的話，方言之外有「雅言」。「雅言」就是「夏言」，是當時的京話或國語。孔子講學就用雅言，不用魯國的方言。各種書籍公文，都是用雅言寫的。雅言用的既多，所以每個字都能寫出來，而寫出來和說出來的雅言是一致的。所以論語上說：「子所雅言，詩、書、執禮，皆雅言也。」孔子不是鄉愿，不是三家村的冬烘學究。來自各國的學生有三千多，他用國語講書，讓學生都能了解，都能記錄下來，可以流傳到各國，流傳到後代，它的影響力比用方言不知好了多少。況且除了在魯國講學之外，他又周遊列國，拜訪各地的達官貴人，名流學者，傳播他的學說，推行他的主張，這又非用國語不成。

孔子開了私人講學的風氣，學術開放，百家爭鳴，以後的諸子莫不招生授徒。縱橫之徒，游談之士，風起雲湧；再加上商業發達，交通進步，應用國語的場合便一天比一天多了。

從《春秋左傳》上，我們也知道，當時周朝已經式微，五霸當權，挾天子以令諸侯，掌握天下政令。各國兵戈疊起，外交頻繁。政治外交上的人才，要儀容雄偉，學識豐富，人格高

尚，口齒伶俐，辯才無礙。鄭國的大夫子產擅長詞令，善於外交，很受孔子及各國當道的重視。那時各國歡宴外國使節，有一個誦詩的節目。主人同客人都要朗誦幾首詩，表明自己的意向志趣，別人從這裏便可以得到啟示。朗誦的詩要切題，朗誦時要隆重莊嚴，字正腔圓，緩急適中，讓旁聽的人都能了解。這種朗誦如果採用各國的方言，怎能行得通呢？因此我們可以肯定的說，國語的歷史是悠久的，國語的需要也是自春秋戰國以來便存在的。

如果有人要問，為甚麼現在國語不十分通行？我們可以說，中國的歷史久，人口多，地方大，交通不方便的地方便出現了偏差。將來無線電及電視廣播普及了，這種偏差很容易改正。

我們廣東最偉大的政治家，最優秀的學者，都是喜歡講國語的。唐朝的偉大詩人宰相張九齡，宋朝的古文大家余靖，明朝的經學家邱濬，敢說敢幹的好官海瑞，或在朝廷，或在地方，政績輝煌，勳業彪炳，必然講很好的國語。因為我國向來的傳統，做官的人要迴避自己的家鄉，不得在自己的家鄉做官；所以這些人都要離開廣東到中原去發展。他們在那裏講當時的標準國語，是毫無疑問的。

現代的孫中山先生在廣州中山大學講三民主義，由鄒魯先

生記錄，編印成書。我們現在看三民主義，沒有半句用方言講解的痕跡。三民主義能為全國人歡迎接受，用講寫一致、人人能懂的國語傳播，是很重要的理由之一。香港大學第一位中文系主任賴際熙先生，劭德重望，士林景仰。據他的門生沈亦珍博士說，賴先生完全以最標準的國語授課。去年逝世的香港大學中文系主任羅香林教授，著作等身，也是完全用他的一口清華大學的標準國語授課。這些人胸襟開朗，沒有絲毫狹隘的地方觀念。他們熱愛國家，熱愛民族，熱愛中華民族萬古常新的文化。他們絕不願見到中國版圖四分五裂，中國人渙散得像一盤散沙，中國文化委靡不振。他們深知國語便是團結，團結就是力量的道理；所以以身做則，努力提倡國語。讓我們向這些人努力學習。學會了國語，不但在國內通行無阻，就是到了海外任何偏僻的地方，見到了中國人便可以暢談。有了共同的語言，溝通自然方便，情感自然融洽，彼此關照，辦起事來是多麼方便呢？

　　想到這裏，我十分贊成洪炎秋先生的高見：

　　國語就是力量！

原載於《新亞生活月刊》第七卷第九期，一九八〇年五月

保衛釣魚台　濃情化不開

劉君恒

　　十一月八日舉行的新亞雙周會，主題是「釣魚台」。在鄭赤琰教授及師兄郭少棠教授語重深長的演說中，再次使我想起令炎黃子孫夢縈魂牽的釣魚台。

　　當今大學生對保釣的冷淡，令老保釣不勝唏噓。是非黑白其實再清楚也沒有了，但大學生似乎還有很多懷疑、保留。前陣子釣魚台成為全港焦點，跟同學談起此事，很多同學認為日本侵佔釣魚台不對，但除此以外，並無其他話說。有的表示不清楚釣島歷史，有的對釣魚台屬中國領土表示保留。從大字報、小報可見，有些人堅持「釣魚台屬於釣魚台」論，即是釣島屬於大自然，故保釣是多餘的，是狹隘民族主義之盲目作為，是傳媒、政黨主導下的羊群效應。有的甚至把釣魚台問題和西藏問題、元代版圖擴充等等混為一談。

　　對上述觀點，早前我甚感訝異。這些觀點看似頭腦清醒，與眾不同，實則是偏狹不周，夾雜不清，甚至不分青紅皂白。

他們彷彿完全聽不到、看不見日本首相公然參拜靖國神社之舉動、政客否認二次大戰日本侵略亞洲各國之罪責、指南京大屠殺是中國人的謊言，多次重複「尖閣群島」、「竹島」是日本固有領土，根本不存在主權爭議，還有日本篡改侵華史實等一切一切，都好像沒有發生過。

日軍侵華使中國人尊嚴掃地、死傷無數之慘烈舊賬姑且不說，唯有慨歎中國人何其不幸，畢竟已成歷史，但是，作為新一代的中國人，在踏入二十一世紀鼓吹世界和平的年代，我不能聽任日本政府驕橫跋扈的言論，不能容忍日方輕蔑中國人之嘴臉。

郭教授的演說，使我了解到何以部分同學對保釣不以為意。他們根本沒有中華民族的根，何時想過國家前途、民族尊嚴等大是大非問題？他們對自己的民族身份本就模糊，難怪會對保釣無動於衷了。

郭教授早年活躍於學生運動，與同窗結隊保釣，不畏艱難險阻，背後支持他們的，是新亞精神。其後各奔前程，一別廿多年，歡聚話舊時說到國家民族、保土衛國，大家仍然同聲同氣，廿年如同一日。中華民族的深厚感情藏於骨子裏，新亞精神就在每個人心中。我聽後不勝感動。在新亞精神日漸模糊，更有人高呼「新亞精神已死」的今天，郭教授諄諄告誡我們新

亞校歌字字精闢，錢、唐二師遺留給我們的厚禮，我們豈能不珍之重之？祖先遺留給我們的中華舊疆，我們豈能聽任日本政府霸佔而無動於衷？

釣魚台問題，考驗每一個中國人的智慧。如何保釣？這不單是當權者的難題。鄭赤琰教授說，十個陳毓祥去保釣十個都必死。這個慘烈的結局被鄭教授一語道破。說話幽默的鄭教授是陳先生的老師，痛失優秀學生想必使他萬分難過，但他不失客觀冷靜的判斷，他說陳毓祥保釣不得其法，不了解北京及台北政府之立場。鄭教授指出，知識能幫助我們認清時勢，解決很多問題。兩位講者均認為釣魚台問題在可見之將來無法解決，今後知識界還有很多功夫要做。

郭教授有幾句話給我很深的印象。我們有我們的國家，我們為中華民族的前途努力。真正的愛國不必認同執政政權的做法。保衛釣魚台不是盲從附和，而是出於對中華民族其來有自的感情。

原載於《新亞生活月刊》第二十四卷第四期，一九九六年十二月

保釣夜話記

梵　人

　　新學年開始，一群去年積極參與保釣運動的同學辦了個「保釣夜話」，希望與新生談談這個冷卻了的話題。

　　早在迎新營時，我們在烈日下派發傳單，耐心地解釋保釣的意義，希望把訊息傳開去。可是新生反應不太熱烈，不是說沒甚興趣，便是時間不適合。雖然這已是意料中事，但心裏總希望多收到一些積極的回應。

　　到了夜話的那天晚上，在剛裝修好的新亞書院樂群館大廳，只見牆上掛上了漂亮的油畫，放了簇新的枱椅，叫人感到舒適，大堂內人來人往亦熱鬧非常，但在舉辦夜話的角落卻只有幾張熟悉的面孔。

　　最後總算來了兩位新生參與討論。由領土屬誰、兩岸關係，一直談到國際形勢，大家均暢所欲言，幾乎是天花亂墜。這樣又過了幾個小時。無論新生、舊生都樂在其中，思想南轅北轍不礙意見交流，議題東拉西扯無阻討論成果，活動也可說

完成了。

夜話過後，三五友人攀上人文館的屋頂，我們稱那處為「人文山」，斜躺看着群星，一面享受新亞書院的夜色，一面滔滔不絕談論剛才未完的話題。

眾人不約而同為活動引不起新生的興趣而嘆息，系屬會辦迎新晚會，搞些說說笑笑的活動也有二、三十人參加吧！而這樣嚴肅話題竟不能吸引今天的大學生！

叫人不禁想起新亞書院的學規，學規第四句說：「祛除小我功利計算，打破專為謀職業謀資歷而進學校之淺薄觀念。」這句話仍然發人深省。今天進大學的又有多少個是為了「學做人」的呢？讀工管的只為謀高職，讀工程的只為當工程師，至於讀中文也只為謀一教席。雖然為己營謀也無可厚非，但除此之外，我們還有沒有理想呢？

「亂離中，流浪裏，餓我體膚勞我精。」只是慷慨高調，唸唸還可以，又有誰人願意身體力行呢？然而，連關心社會、放眼世界、參與校政等基本要求，大部分同學亦不屑一顧。

愈來愈少人參加學生組織，參與校政，卻愈來愈多人兼職賺錢、吃喝玩樂。甚麼保釣、反對臨立會、民主回歸只是少數同學關心的話題。昔日中大千人集會大力推動保釣運動的場面已成為歷史的陳跡。

在「人文山」上睡着了，彷彿夢見新亞水塔在崩潰解體，崩潰解體的不只鋼筋土石，數十年累積起來的點點「精神」也隨着土石塌了下來。

原載於《新亞生活月刊》第二十五卷第二期，一九九七年十月

從保衛釣魚台運動看新亞

鄭海泉

梅校長、孫先生、各位老師、各位同學：

　　我首先代表同學多謝校方准許我們派代表到台上講話。今天我講的不是我個人的意見，而是代表學生會及一部分曾積極參與此次保衛釣魚台愛國運動的同學心裏面的話。我不打算在此挑起一些舊日的不愉快事，亦不是想指責任何人；我只希望能藉這次機會，請新亞每一個人都能夠認真反省過去所做的，及切切實實的考慮到自己將來應盡的責任。特別是一個知識分子，面對着一個分裂的中國，所應負的使命。

　　李卓敏校長曾在一次訪問中說：學生應該好好的讀書、不應攪學生運動。李校長的話很對，我亦絕對贊同。不過，難道我們真的不喜歡讀書？不喜歡做好自己的學問嗎？我們積極參與社會運動，如保釣運動、盲人工潮等等；這些參與，並不是表示我們反對讀書，只不過這些不合理現象太令人不滿，使我們不能坐視。我們身為大學生，難道連這些最基本的愛國心，

正義及同情心都沒有嗎？我們舒舒服服的坐在這裏，有沒有想到離這裏數條街，正在有一群失明工人坐在街上，受着風吹日晒之苦，受着生活壓迫；各位亦有沒有想到數千里外之日本軍國主義者仍在虎視眈眈，設法侵奪我們神聖的領土。我們看到這些不平的現象，還不應走出來說話，站在前線嗎？胡適之在三十年前已經說過，學生運動之出現，實因政府無能，社會上滿是不平等的事，學生終於忍不住了，站出來企圖施壓力迫政府好好的做。

也許有人說：我們是處於一個殖民地裏面，一個自稱「繁榮」「安定」的社會裏面，不能有效地迫使中共和台灣做一點事，但當兩個政權都坐視不理時，我們還能忍受嗎？

保衛釣魚台運動完全是一個自發性運動。在香港，此運動第一個行動是在今年二月十八日的示威。跟着連續數次到美日領事館前示威，新亞的同學亦參與此事，但殖民地政府終於忍不住了，在四月十日那天，用暴力驅散了示威的同胞及拘捕了廿一位愛國青年，其中有六位是崇基同學。三個月後，便是令全世界震驚的七‧七維園示威，詳細情形想各位都已經知道。那次終於使殖民地政府的真正面目暴露無遺。由於警察無理毆打示威朋友，結果造成了一場流血大衝突。警方拘捕的廿一位同胞中，兩位是崇基同學，一位是新亞同學。

在這次示威裏面之小部分新亞同學積極地參加了，他們派傳單，貼海報，籌款，保釋被捕者。他們把功課和私人問題拋開，為的是甚麼？不是為了分數，不是出風頭，而是為了自己的理想，為了實踐國家民族的大義，為了「國家興亡、匹夫有責」的精神。希望能通過這次運動，對陌生的中國履行了一部分的義務，更希望現在中國的領導人，會了解我們海外中國人的心情，挺身出來，保護國土。

不過令人感到喪氣和難過的就是大部分同學都沒有參與這次運動。我們知道很多新亞同學都在努力做學問，但是，正如唐君毅先生說：「我們之一切學問事業，都是為中國之國家民族求出路進而為全人類文化謀前途。」前董事長趙冰亦說：「我們無論如何，斷不可以忘記了時代的憂患，減低了對國家民族歷史文化熱切之愛，否則不但膚淺得可哀，而且簡直是新亞的罪人了。」所謂新亞精神，其實就是熱愛國家的精神。但新亞精神已經隨風而逝，成為歷史陳跡，再沒法從同學身上找到。讓我們想想，除了一小部分同學之外，大多數同學都是太冷漠了，他們對學生會冷漠，對老師冷漠，對學校冷漠。對這班同學來說，學校只不過是一間酒店旅館，住滿四年便算了。試問，如果這種情況繼續下去時，新亞會變成甚麼 —— 只不過是一間文憑製造廠，一個沒有靈魂的軀殼。

幸而在這種情況下，仍有一部分熱愛新亞的同學盡力追尋失落了的新亞精神。他們設法喚起同學參與保釣運動，希望同學能透過這次運動教育自己，但可惜大部分同學的反應都很冷淡，而校方亦表現出一種令人失望的態度。一間以保存中國歷史文化自命的學校，竟然忽視了保衛疆土的大運動，實令人感到心痛。

讓我們看幾個事實：

遠在「中運」的時候，學聯曾向校方借禮堂舉辦一公開論壇，但校方竟拒絕了。但另一方面，聯合書院卻答應了。兩者都是中大的成員學院，而態度如此不同，實令人費解。自這次之後，新亞便成了外界嘲弄的對象，當外面問：「新亞在做甚麼？贊成中文？還是反對中文？」當我們的同學聽到這種說話時，心裏是何等的難過。

今年四月，學聯會亦曾向新亞借禮堂，以舉辦一個釣魚台論壇，但又遭校方拒絕。

到了七‧七，在示威前，我們已經想到會出事，於是決定設法取得校方一位負責學生事務的老師電話，但當我們一位同學提出這件事時，所得的答案是「學生在校外的事，學校不會負責。」當晚，果然出了事，我們的同學和朋友都遭到警察毆打，而崇基二位同學，新亞一位同學亦遭到警方拘押，但當我

們打電話要求校方保釋同學時，所得到的只是推搪。

請各位同學想想當時的情形，當時新亞同學分為三批，一批被警方拘捕（人數不清），一批仍在維園，一批回到聯合書院準備營救工作。這三批人都不知道其他同學的情形，究竟被拘捕的同學命運如何？在維園的那一批同學是否仍遭警方的毆打？當時在聯合的都十分焦急，但當我們向學校要求援手時，所得到的只是推搪，試問我們當時是何等失望！

也許學校作出這些決定時有他的苦衷，但我們希望能知道學校的苦衷。我們愛國家、愛民族、愛學校，我們希望和學校同甘共苦，一齊負起解救國家民族前途的責任。但當我們想和學校一起時，校方竟不公開說出其決定理由，叫我們怎樣替學校向外界解釋？唐君毅先生曾在一篇〈存在主義與現代大學教育危機〉文中指出，現代大學教育中最大危機是學生與老師成為陌路人，而在新亞這種現象已表露無遺。

我們知道愛國運動形式有很多，示威是一種，做研究工作，找出一條思想路向，行動方針，亦是一種，也許新亞的老師正在下工夫，找出一條思想路向，但我們希望學校能把他們的想法說出來。保釣運動可以說到了一個階段的總括。我們同學能做的，都已經做了，現在所需要的是一個新思想路向，如果學校能指引我們，實是最好不過。

長遠來看，保衛釣魚台運動實是海外同胞認同中國，回歸中國的運動，我們希望新亞同學能在將來中國統一運動中，負起他們的使命。

　　政府腐敗，才會有學生運動。也許有一天，中國富強起來，對世界有更多貢獻，那時候，學生便能夠回到圖書館去，讀他們的書，做他們的功課，但何時才有這一天呢？

　　原載於《新亞學生報》月會事件專號，一九七一年十一月十七日

中文運動的消沉與再起

王耀宗

爭取中文成為法定語文的原因，歸納起來可分為二點：

（一）伸張正義。

（二）爭取人權。

伸張正義因為香港幾乎全部都是中國人，只有一小撮的藍眼睛，白皮膚。但是，他們的語文竟是唯一的法定語文。任何人欲伸入權力外圍，當個議員或副教育官，非精通英文不可，非叫他們「自瀆」不可 —— 承認自己中國語文的低微，承認中文不能表達意思。在這種情形下，中國人和「白皮豬」是不平等的。其餘四百萬的中國人受着歧視。這種歧視中國人竟忍受了百多年。直到六七年暴動後，爭取中文法定的呼聲才真真正正的受人注意。而青年學生大量加入此項運動才是一年多的事。尤其是七〇年的下半年，大專學生紛紛加入爭取中文成為法定語文的團體。一時幹勁沖天，喊出「不達目的，誓不罷休」的口號。派傳單，貼海報，開論壇，出專輯，市面一片熱鬧，

狂熱橫掃了各間院校，於是每個人都帶着笑容，喜氣洋洋，肯定了這次運動的成功性。一時之間，學生真的好像走出象牙塔，在十字街頭，與群眾匯合了。

但是，曾幾何時，在完成簽名運動後，中文運動卻消沉了，在報上看不見任何論壇的召開。甚麼團體，甚麼學聯也不見了蹤影，突然之間，整件事像石沉大海，沒有了消息。

為甚麼會這樣？我們要問。當然那些「熱心分子」可能心中有數。他們要讀者了，他們利用這項運動的目的已經達到了，他們的狂熱已過去。冷酷的現實使他們頭腦醒一醒，使他們想到了前途、職業及安危等問題。三十六着，退出為上着。種種都是原因。作為關心中文運動的一分子及一位熱愛故國的年青學生，我們有責任檢討中文運動消沉的原因。依我的觀察，約有數端：

爭取中文法定，是道道地地的香港的事，既不能有益於無產階級革命，也不能對反共復國有所裨益，成功關係着四百萬中國的尊嚴及人權，可以肯定的說一句，它不會得到來自左方或右方的支持。而香港學生，因為政治背景的關係，六七暴動餘怯猶在，絕對不會讓左派滲入明目張膽的加入，而另一方面，「不要談政治，多讀些書」的傳統仍然如影隨形地吊在我們腦子裏，因此，這次中運，希望能由學生主動，拉攏群眾，深入民間，企圖得到大眾的支持。但是，左派卻對年青學生大潑冷

水，該然，原則上，他們是贊成的，但他們的論調卻是「似進實退」的。

他們的論調：

一、中文運動是美國佬排擠英國佬的手段。港英粉飾香港殖民地統治的手法 —— 不必賣力。

二、中文法定對現狀不會有甚麼改變 —— 所以不必參加了。

三、爭取中文法定的人對中文是香港的主要語文，不敢肯定，必須等殖民主義「批准」了才放心 —— 所以自己肯定，就不要等人「批准」。

這些來自左方的論調，自然不會起積極作用，卻有消極的腐蝕功能。而更重要的是，左派工會的工人，不能表現自己的態度，遂使學生與工人成了一條鴻溝。所以，學生所發動的這次運動，一開始就陷入了孤立之境，流入唱獨腳戲的悲劇。

第二點，我們不得不承認，有些「熱心分子」是害群之馬，他們之所以參加中文運動，可能為名，可能為出風頭，可能是投機分子。試問有多少個是真真正正為伸張正義，爭取人權而投入中運的呢？我相信沒有多少個。出名，出風頭，投機可以維持於一時。「日久見人心」，不久也露了真面目，於是紛紛退出，封了一個名銜，是甚麼爭取中文成為法定語文的委員之一，多威！記得，《遠東經濟評論》有一位記者寫了一篇文章，

他指出，參加中運大部分都是中大學生，原因是中大學生英文水準低，不夠港大學生，爭取中文法定有利中大學生地位之提高。當時，似乎頗引起一陣子的氣憤。抗議啦，質問啦，寫文章啦，鬧了一會兒，後來只見了中大學生報的一篇答辯文章，寫得十分差勁，不了了之。我所感到興趣的，不是氣憤，抗議或答辯，而是反問自己，我們是否真有這種人？為自己打算，為自己利益着想。我的答案是肯定的。根據我的一位參加入甚麼會的朋友所說，往往工作、發動、計劃只有幾個人，其他的都是傀儡。表面上，好像很熱鬧，很哄動。其實攪來攪去，還仍是那幾個「熟客仔」。在這種情形之下，試問，要堅持下去，談何容易。怪不得要消沉了。

第三，就是同學的冷漠感了。冷漠感的形成，原因很多，數之不盡。功課忙，為知識而知識，拿獎學金等等。

當然我們還可以舉出原因：市民反應尚不熱烈、不能深入民間發動群眾、組織不夠完善等。另外有一點，就是香港學生的行動太溫和了。他們的手段只限於論壇、報紙、傳單、海報上，這些都是「紙」。當然，依目前階段，這些已很可滿足了。

當中文運動進行至最高潮時，港府設了個公事上使用中文問題研究委員會，以馮秉芬（是中國人！）為首。「研究」的結果，是如下的建議：

（一）立法與市政局議員在公開會議中可選用英語或粵語發言，惟彼等仍須有足夠之英語程度，以便能閱讀英文文件及在非公開會議中以英語發言。

（二）政府應實施一項政策，使在公事上於可行範圍內，給予中文、英文以同等地位。

（三）實施中英文並用後，應可進一步任命不識英語人士能獲選或受委為立法與市政兩局的議員。

（四）在市政局及立法局及其他公務委員會的會議席上，裝置「即時傳譯」設備。訂定傳譯員的資格與薪級制度。

很明顯，這個公事委員會，「研」來「研」去，還不是「英文為主，中文為輔」。首先，公事上應用中文與我們所要求的「法定」相差十萬八千里。第二，公開會議中可用英語或粵語，但仍要足夠之英語程度，閱讀英文文件（文件是英文的！），非公開則是英語發言（天曉得，甚麼時候會議是公開的，甚麼時候是非公開的）。第三，使不清英語的市民進入兩局（幾時，十年後乎！）。總之，這個研究報告充滿耍太極的態度，對中文法定問題完全抹掉了，我們不得不失望。

但從另一角度來看，這個報告未嘗不是香港政府「俯順民意」的一個例證。儘管我們不同意香港是民主的窗櫥。我們知道內中的情形，但在英國的民主制度的影響下，香港不能不有

些微自由。當「眾志成城」的時候，香港政府不能不低頭，雖然與我們距離的理想還遠。從這裏透視中文運動的光明，當然，我們不是跪着，請求香港政府的批准，而是行動，行 ——動。只有在行動，才能見我們的真正力量。只有怒吼才能使敵人有所懼怕。當然，基本上，港府仍是個殖民政府，它的政策是吸取而非給予，是剝削性的。香港仍然有太多的不平等的事情，如貧富懸殊，勞工的苦狀，社會福利的缺乏等，這些不平等的事以前像不存在似的。現在卻受到一代學生的注意。而爭取中文為法定語文像成為一個象徵，一個旗幟。它指出了一個新的方向。一個不外走、向外逃的方向，而是向內斂的導向。就是改革自香港起的理想。讓我們拋掉做大同主義的夢想，做世界主義者的虛幻，實實地地的，做一些事。這些事，無論多麼小，都會涓滴成河，渾成大江大海，沖擊着殖民地的底柱。在歸向故國的時候，使香港成為一塊潔淨的領土。

中文運動是我們的里程碑，我深信中文運動的消沉是暫時性的。暫時性後的復活可能更為猛烈，而不單只以報紙、海報及傳單，更可能以行動了。

三月十四日的靜坐示威就是一個開端！

原載於《新亞學生報》，一九七一年四月一日

哭新亞

新亞書院校長及各位師長：

　　學校令學生失望，也可以說欺騙了我們。一年來，我們默默地容忍，妥協。今天目睹釣魚台事件，我們的長者如斯表現，不能再佯作不知，不得不站起來說話。

　　回顧去年，學生有幸進入這座學府，高興是有的，不過，校舍太過侷促了，委實不像一所大學。再往崇基一走，更加憤怒起來，不期然就羨慕起那裏就讀的同學。但開課後不久，導師給學生一大疊過去的新亞校刊及校慶特刊，囑咐注意一下本校的宗旨和精神。當晚生一口氣讀遍了，而且感動泣下，生又何用斤斤計較學校的軀殼，而忽視學校心靈的偉大呢。況且它是從師生無視艱苦，互相感召互相努力中長大出來。學生深信，在這裏不用如在中學時再為分數賣命，在這裏會培養學生成為有血性的知識分子。誠如校歌所唱：「手空空，無一物……千斤擔子兩肩挑。」

但一年了，我所接觸的學校究竟怎樣呢？竟然與蔡元培先生去接任為北大校長時那座萎靡不堪的學府無大差異。「他們平日對於學問上沒有甚麼興會，只要年限滿後，可以得到一張文憑。教員是自己不用功的，把第一次講義，照樣印出來，按期分散給學生，在講壇上讀了一遍，學生覺沒有趣味，或瞌睡，或看看雜書，下課後，把講義帶回去堆在書架上等到學期、學年或畢業的考試；教員認真的，學生就拚命的連夜閱讀講義，只要把考試對付過去，就永遠不再翻一翻了。要是教員通融一點，學生就先期要求教員告知他出的題目，至少要求表示一個出題的範圍，教員為避免學生的懷恨與顧全自身的體面起見，往往把題目或範圍告知他們，於是他們不用功的習慣，得到了一種保障了。」[1] 本校情形或許未至如斯不堪，但絕大部分學生為考試及文憑孜孜不倦，試問又如何栽培出「誠明」（我校校訓）的人格？昔日還有蔡元培先生力挽頹風，使北大成為名頌古今的大學，反觀新亞，錢穆先生以降，又怎樣呢？新亞精神已死，這是誰也不能否認的悲劇。雖然當一個新校長上任時，一位留洋學人回來，異國教授到訪，都歌頌一輪新亞精神。請各位老師在我們中找找，究竟七百多學生中，有多少個真正被諄諄善誘而實踐了本校校規第三則——「愛家庭，愛師友，愛國家，愛民族，愛人類，為求學做人之中心基點，

對人類文化有了解，對社會事業有貢獻，為求學做人之嚮往目標」。如今的新亞書院教育，根本的墮落地方，本校創辦人之一，唐君毅老先生在數次月會已很沉痛的表示過，（文章見《新亞生活雙周刊》〈存在主義與現代文化教育問題〉及〈中國教育史上之私學與官學〉），亦不用生在此贅言。想各位師長是關心學校的，是比學生更了解，痛心更甚的。生不敢決拾唐老師牙慧，在此囂張，只想誠懇地就釣魚台事件所感所想之處，細細道出，若生有失言之處，亦望各老師開導。

中國知識分子一直以為國家興亡，匹夫有責，更何況是滿腹經綸的博士，教授呢！生有一妄大的想法，以為全香港市民，全香港所有院校都醉生夢死，不知愛國家，愛民族，但也絕不會降臨在新亞師生身上！因為新亞自創校以來一直標榜的是教育學生做一堂堂正正的中國人，甚至做一個頂天立地的世界人。我們的校慶是在孔子誕辰，以表示我們效法這位聖人。但在小學五年級的時候就知道孔子關心民生，他周遊列國，勸說國君行仁政，後不見用，才退而講學，而且學問教育是重道德的實踐。我校創辦宗旨是上溯宋明書院講學精神……當時學人，不單立德立仁，做學問工夫，而且真的以全人格及其平生學問之整個體系為學生作指導及模範。發展到後期的東林書院，讀書人都敢「諷議朝政，裁量人物，朝士慕其風者，多遙

相應和」[2]，真正為國家民族請命。雖遭宦官禍害，數百人遭殺戮，然各位知識分子是可以站起來對得住千秋萬世。我校上溯這種精神，怎不值得歌頌。生為釣魚台一事，再披閱新亞書院二十周年校慶特刊 —— 新亞精神一輯，重溫過去及現今師長的訓誨。

錢穆校長訓誨我們：「諸位都是在這民族的苦難中誕生而成長，諸位必先明瞭，民族的前途，即是諸位的前途。民族的命運，即是諸位的命運。諸位莫認為，只在目前求得些知識，只在將來獲得一職業，便可解決諸位之前途，便可主宰將來諸位自己之命運。諸位當善盡諸位各自的時代使命，諸位首先當懂得，諸位該為民族而獻身。諸位目前所尋求的知識，諸位將來所擔任的職務，應該係於此一大使命而始有其意義與價值的。諸位！莫為你個人的自私，莫為你當前的短視，而忽略了這一大使命。」（見《新亞生活》一卷八期〈告本屆新同學〉）

吳俊升先生在第三十二次月會的演講中說：「把天下、國家、社會，放在第一位，這一點是我們必須把握的。無此抱負，就只是第二流人才，有了才是頭等學生……讀書不單要為自己，也要為別人，為民族國家，為社會，為人類的。這種『新亞精神』是需要諸位同學去發揮，去實踐的。」（見《新亞生活》三卷五期）

況且本校之創辦，旨在上溯宋明書院講學精神，並旁採西歐導師制度，所以師長不單以學問亦是以整個人格來誘導學生。就釣魚台一事，去年九月已經爆發開來，生以為各師長不單因為是新亞書院的教授，而且亦由於具有知識分子的良心，會對此事有所表示，且會詳細闡析，指導學生。但事實並非如此，生愚昧，此國體大事，都是由年青人或學生所倡導。學生今日讀到蔣夢麟、胡適之兩位先生〈我們對於學生的希望〉一文時，委實有很大的感慨，文中謂：「社會若能保持一種水平線以上的清明，一切政治上的鼓吹和設施，制度上的評判和革新，都應該有成年的人去料理。未成年的一班人（學生時代的男女），應該有安心求學的權利，社會也用不着他們來做學校生活之外的活動。但是我們現在不幸生在這個變態的社會裏，沒有這種常態社會中人應該有的福氣，社會上許多事，被一班成年的或老年的人弄壞了，別的階級又都不肯出來干涉糾正，於是這種干涉糾正的責任，遂落在一般未成年的男女學生的肩膀上。這是變態的社會裏一種不可免的現象。現在許多人說學生不應該干預政治，其實並不是學生自己要這樣幹，這都是社會和政府硬逼出來的。如果社會國家的行為沒有受學生干涉糾正的必要，如果學生能享受安心求學的幸福而不受外界的強烈刺激和良心上的督責，他們又何必甘心抛了寶貴的光陰，冒着

生命的危險，來做這種學生運動呢？」如今相隔五四運動五十多年，這番說話仍舊適用。

各位師長，或許你們已經做了許多，而學生並不知道。美國的保釣運動在去年十一月已在普林斯頓大學和威斯康辛大學醞釀，然後才如火如荼的展開。在《明報月刊》第六十四期（本年四月初出版）刊登了熱熱鬧鬧全美華人都參加的保釣運動，又見到數百名教授及科學界人士與及數十個大學分會致中華民國政府的公開信。但直至四月底，才見到中大教職員發出保釣聲明。此時距離去年九月足足七個月，青年人與學生亦開始了不少保衛國土的行動，甚至有人為此而和平示威遭拘捕及毆打。

一位同學說：「妳不要對師長有太大希望。」一位答：「但他們嘴裏時常掛着新亞精神。」生或許不了解各位師長，但是心裏實在難以鬱着所見到不合理的事，若生錯了，願受教誨。新亞校刊第八期〈再說希望、警覺與心願〉一文唐君毅教授寫道：「同學們固然當尊敬施教的先生，但是尊師必與重道相連。道即是理想，師之尊，在其有道，能引導同學向道。故道尤高於師。而一切師友同到道的面前，便立於同一地位，當負同等責任，每人皆可以當仁不讓。只有在大家能重道而又能當仁不讓時，師友之關係，以大公之道為媒介而聯結，而後彼此之感

情亦才有堅固的基礎，才可以長久。否則一切師友的感情的關係，必然轉成世故的關係，是靠不住的。」

各位師長，你們如此明哲保身，試問知不知道教導出來的學生是怎樣的。生就誠懇訴說出來，就是四月十日那次示威，生沒有的去，後來知道有同學朋友遭逮捕，很慚愧，心甚不安。十一日，亦因考試繙繹不能前赴聽審。同校，不敢平視而行，以為其他同學亦是如此心情。試場外，聽得兩位同學對話，一說：「捉了去，又要打手指模，留下姓名，給杯奶茶我飲，都咪擾。」另一位說：「那些人以為好得意，我就不會了。」學生真的想喝醒這兩位男同學，甚或將之痛罵一頓，但生沒有，生連大義責人的勇氣也沒有受到培養，只是私下痛心，以這些人都是不可救藥的話來敷衍自己。另一方面，又覺自己亦沒有前往示威，亦無資格斥人。當然生不能以偏概全。不過，事實，絕大部分的同學未知是不知曉此事，還是學上各師長的表現。

幸好，還有些有血性的同學起來。不過，即使一百位學生說一百話，總不及一位知名的學者或校長來得有力，教授們所寫的文章，總比學生們寫的獲得更多群眾的相信。參照美國的保釣運動，何以如此成功？原來不單是學生努力還有教授一同策劃，一同奔命。「本年三月間，由陳省身、趙元任、李卓皓

諸位教授發起的上蔣總統書，簽名者五百餘人，函中請蔣總統保持堅定立場，抵抗日本新侵略。這封信曾受到國府當局的相當注意。」[3]那些都是響璫璫蜚聲中外的博士，難怪該文作者寫道：「這些年長的一輩的名教授都紛紛走出研究室，幹得那麼起勁，我們這些毛頭小子，受一點白眼，算得了甚麼。」生真是羨慕太平洋彼岸的僑生，得到真正學人的支持與領導。「致尼克森總統公開信，徵求各地華人簽署……有些人連信稿都不曾看就簽名了，他們說：『是幾位教授所發起的，我還有甚麼信不過的，先簽名再看信稿好。』[4]」

但這裏的教授寂然不動，這擔子只好由學生承擔了。但不能否認，學生認識不廣，可能被利用，甚至熱血捨己的行為亦會遭誤會，正如最近市政局解釋拒借維園為示威場所，其中一項理由：青年需要一種發洩機會。若然由教授領導，最低限度，學生的本意就不會受如此侮蔑。

學生行動未必正確，校方應該指正。五四時期及以後，北大同學常有示威，校長蔡元培、蔣夢麟、胡適之也反對，但這些學人都向學生說明甚麼理由，且力求勸止他們。今日我們看來，對北大校長，評論不一。不過，大家都感到其對學生有關切的心情。反觀香港，生個人以為七月七日維多利亞公園的不幸事件，由於事前校方的沉默，校方亦要負上部分責任。

事發後，有學生被捕被毆，外界諸如有些民選議員，教會方面徐誠斌主教都說公道話。然而，學生是校方的學生，校方竟保持緘默！想當年蔡元培校長曾親自用款保釋示威被捕學生，今日的校長又怎樣呢？

既然說開了，就連過去的事也一起講出來吧。記得上次爭取中文成為法定語文運動，負責的學生是申請要求借出誠明堂作為舉行公開論壇的場所，校方一口拒絕。以承傳發揚中國文化為使命的本校，卻有杯葛發揚中國文化之舉，事後，連沒有標榜承傳發揚中國文化為使命的聯合書院也願意借出場所。生想不透，生愚晦，需要師長啟誨！

生牢記着錢校長教訓：「今天是你們努力的機會，我希望諸位仔細想一想，諸位在此學校求學，先要你們堅強此信心，確定一目標，求對國家民族有貢獻。若只講謀職業，結婚成家，當知做一亡國奴，一樣可有職業，可結婚成家，可世世代代做亡國奴。然而意義與價值何在？我們的理想又何在呢？」（見《新亞生活》二卷八期〈讓我們來負擔起中國文化的責任〉）

生時常懷疑由青年人示威，喊口號是不夠的，況且在香港這地又易被誤會，而事情之成功又要靠所有人實在的努力，尤其需要各位有學問的長者，他們的闡述，他們的鼓吹。生讀到《明報月刊》第六十五期〈釣魚台千萬丟不得〉一文，由衷敬佩

該八位作者，他們的努力是有建設性的愛國表現。生想在新亞中當亦會有值得敬佩的學人，生是存有希望的。

生自知放肆，故執筆時心情既怯且悲，但出於愛學校之心，仍不得不說。或許生腦袋淤塞，願受各師長訓誨。最後，生大膽借用董事長趙冰先生一段話，以供師長內省。「……我們無論如何，斷不可忘記了時代的憂患，減低了對國家民族歷史文化的深切之愛；否則不但膚淺得可哀，那簡直是『新亞精神』的罪人了。」（見《新亞生活》三卷四期〈勿忘新亞精神〉）

並祝

新亞精神復活！

學生劉美美謹上

後　記

生對於學校的慨歎，早就想執筆。自維園事件後，一直受到良心上的迫催，終成此信。信中文字，個人願負全責。亦望同儕中亦有人不吝指正，討論研究。

1　蔡元培著：《蔡元培自述》，第十一頁。
2　謝國楨著：《明清之際黨社運動考》，第五十三頁。原載《明史·顧憲成傳》。

3 姚立民：〈保衛釣魚台運動的回顧與前瞻〉，載《明報月刊》第六十六期，
   第十頁。
4 同上註。

原載於《新亞學生報》，一九七一年九月十日

罷課中的校園

陳惜姿

　　第一天，中大百萬大道上有罷課集會，不同院校學生拿着直幡緩緩來到，把地面塞滿。太陽很猛，風卻微弱。我等中年，四處尋找可遮蔭的地方。穿着白衣的學生無懼烈日，一來到便坐在地上。學生代表的發言很長，然後輪到支持罷課的老師。酷熱天氣下同學竟安然坐着，一直到百萬大道上集會完結。以為他們會倦極歸家，沒料到在傍晚環節，又是人頭湧湧。新亞書院圓形廣場，有周保松教授主講「民主實踐與人的尊嚴」，石階密密又坐滿一圈圈人。

　　這一晚周保松留下一句名言：「我們活在世界裏，我們是世界的一部分：我們改變，世界就會改變。」餘音裊裊。

　　第二天開始，學生到添馬公園去了，中大校園靜了許多。星期二中午時分路過「煲底」（即百萬大道盡頭），看見一群學生坐在地上。原來是醫學生搞「靜坐朗讀會」，學生輪流朗讀孫中山、唐君毅和其他作家的文章。醫學院的大樓外，掛着「醫

不容遲」的橫額。

　　我這星期的課取消了，改為下周補課，學生採訪遇問題，與我在網上交流。學生不上課，卻把平日所學的全都用上，他們不眠不休地拍片、拍照、徵集「罷課日記」，寫圖片故事，在 facebook 發放。有人協助攝錄義教老師的課堂，又有創意澎湃的同學拍攝「如果 Med Can 只有三個餐」，輕鬆幽默地帶出普選議題。英文採訪組同學則每天做一段聲音報道，上載Twitter，令英語世界的人都能明白。

　　許多人問，做這些事有用嗎？這不同方式的行動，帶來怎樣的結果？這些問題我也在問。但回到周保松那句說話，當改變的人夠多了，世界或者已經不一樣。

　　原載於《明報》專欄「女人心惜字派」，二〇一四年九月二十六日

永久性的觀點與暫時性的觀點
—— 一九七一年十二月三日本校第一三三次月會講詞

胡鴻烈大律師講　顏復禮錄

梅校長致介紹詞

今天我們請到一位來賓，全香港知名的胡鴻烈大律師，到本校演講。我們做主人的理應加以介紹歡迎；我要用很簡短的話介紹，以便胡大律師有充分的時間為我們講述。

胡大律師的聲譽，全香港都知道。尤其因為他對於青年熱心，屢次為學生運動服務指導，所以胡大律師在學生們心目中，更是久聞大名，不需要介紹的。我個人來香港一年多，雖未得向胡大律師多請教，但在報章上看到學生運動有關法律的問題，胡大律師必予以熱心的同情與協助，內心素極景仰，我們新亞的師生也實際叨光很多。今天我們居然有機會請到胡大律師與大家見面、同大家講話，這是一個很難得的機會，新亞

書院深覺榮幸。

　　胡大律師早年在法國修法律，得法律博士學位；後在英國 Middle Temple 也得到大律師的頭銜。後來在香港服務於法律界，而同時在教育界也有很大成就。曾任香港聯大書院校長、香港中文大學聯合書院的校董；現任香港樹仁書院的監督。在政治方面為市政局的民選議員。也同時承他不棄，擔任新亞書院的法律顧問。他的著作有國際公法多種。講演後如有富餘時間胡大律師應允，可以進行問答研討。

胡大律師講詞

梅校長、各位老師、各位教職員先生、各位同學：

　　今天我講的題目是「永久性的觀點與暫時性的觀點」。這個問題是有哲學的意義的；我不是哲學家，所以我講這個問題，似有班門弄斧之嫌。但是，這個問題時常困擾着我。各位日常所接觸的事也可分為兩方面講：一個是永久性的，一個是暫時性的。譬如，各位在新亞求學，永久性的價值是甚麼？暫時性的價值是甚麼？各位必須分辨清楚。就國家來講，永久性的利益是甚麼？暫時性的利益又是甚麼？我因為有切身的感覺，所以提出來和大家談談。我所講的不一定對；如有不對之

處，請各位先生多多指教，也請各位同學多多批評；如果有對的地方，請多多思考；如有可能，也不妨討論一下。

我講此問題，尚有一重要意義。各位同學是青年的一代，是我們中華民族的精華所在。各位若有一念之差，或者各位的觀點有不正確的地方，會對我們國家民族有很大的影響。這種影響或在二、三十年間看不到，但可能在五十年後、一百年後會發生的。如果一不小心，會發生不良的影響。我今天講此題目，僅不過是本人讀書之心得，與大家討論一下，使各位在讀書方面、做人方面、修養方面有所了解和領悟。

第一個例子：一八六〇年左右，日本和中國都有維新運動，日本有明治維新，中國有同治維新。為甚麼日本維新成功，中國維新失敗？就是因為當時中國的士大夫，對於永久的觀點和暫時的觀點沒有弄清楚。同治中興這班人有曾國藩、左宗棠、胡林翼、李鴻章等。大概在一八六〇年左右（咸豐末年），胡林翼見從長江中游航駛的外國船隻，那樣快捷堅固，就知道中國不是對手，當時即口吐鮮血，不久因憂鬱國是而死。傳說胡林翼在安慶：「馳至江濱，忽見二洋船，鼓輪西上，迅如奔馬，疾如飄風。胡林翼（文忠公）變色不語，勒馬回營，中途嘔血。閻丹初尚書，向在文忠幕府，每與文忠論及洋務，文忠輒搖首閉目，神色不怡者久之，曰，此非吾輩所能知也。」

當時的士大夫認為鴉片戰爭和英法聯軍之失敗，是因為中國沒有像外國一樣的船堅炮利。李鴻章等以為中國的制度很好，非外國所能及。就今日一九七一年（即當時之一百年後）來看，此種觀點是暫時的觀點，以為中國如能船堅炮利，就甚麼都可解決了。當時中國派到外國去的留學生只是學槍學炮，沒有人去學習改革政治制度。在一八六〇年左右明治維新，日本所派的留學生主要的是去學政治，去學習如何把日本的幕府政治改為近代的政治；而日本政府也能用其所學，使政治上了軌道。日本學生也有學科學與槍炮的，但主要的是學政治的改革；例如偉大的政治家伊藤博文、陸奧宗光等，對明治維新的政治改革都有不可磨滅的貢獻。中國的維新失敗了！一八九四至九五年，中日戰爭，中國的船炮優於日本，丁汝昌等名將也非常勇敢，但我國仍失敗了。推其原因，還是政治的失敗、外交的失敗、軍事的調度不好。可以證明當時士大夫有關船堅炮利的觀點，只不過是暫時性的。

第二個例子：中國的外交也常常失去永久性的觀點。對中國有領土野心者只有兩個：一是日本，一是俄國。中國的外交應該對抗日俄兩國，但不可同時與二國為敵。琉球群島在一三七二年明太祖已派行人楊載詔諭，受封稱臣；一八七五年（明治八年）方為日本派兵佔領；故琉球原是中國領土。接着

就有一八九四年之中日戰爭，中國失去大批領土。一九〇五年之日俄大戰，更變本加厲，竟在中國領土上作戰，這是非常不公平的。一九一五年的「二十一條」，是日本在我國內憂外患的時機，要侵略我們的國家。後來若無美國的干預，中國可能有更大的危機。繼續下來的九‧一八和七‧七事變，都可證明了日本對中國的領土野心。其次講到俄國。一九一八年以前是帝俄。明朝末年，俄國已經想要拿中國的黑龍江和庫頁島。康熙二十八年（一六八九年）《尼布楚條約》，規定東北方面的中俄疆界。當時中國國勢尚強，中國未喪失領土。雍正五年（一七二七年）《恰克圖條約》，規定外蒙古方面的中俄疆界。道光三十年（一八五〇年）以後，國勢漸弱，帝俄在黑龍江下游建了兩個城市：一個叫尼哥拉維斯基，一個叫馬利斯基，都是建在我國領土上面的。一八五五年（咸豐五年），侵佔黑龍江北岸的土地；一八五八年的《璦琿條約》（咸豐八年），以及一八六〇年的中俄北京續約，俄國所佔的中國領土，比現在的中國東北九省還要大一倍，比起德法兩國加在一起的領土還要大。可是，當時俄國還口口聲聲說是中國唯一的友人，而英法才是中國的敵人；當時中國的士大夫卻沒有看清楚。十九世紀末年，實際上西方國家對我國只有爭取經濟和商業的利益，並無領土野心。這是第二個例子。

第三個例子是法治（Rule of Law）：這是我三句不離本行的東西，比較內行點。英國的大法律家 Dicey，他認為法治有三個重要的條件：（一）沒有武斷的權力。意即政府沒有武斷的權力（Absence of arbitrary power）。（二）每個人都要受法律的拘束。前任港督戴麟趾爵士也曾說過，他自己也要受法律的拘束。（三）每一個人在法律之前都是平等的。另一方面，我們現有法律的保障，並不是從天上掉下來的，是經很多人的奮鬥，甚至犧牲性命才得到的。我們現在所有的基本法律的權利，實際上在十七世紀英國已經有了。法律觀點是基本的，各位不可放棄，必須堅持。如一二一五年《大憲章》、一六二八年《權利請願書》、一六八八年《權利法案》等。英國每一個人，若沒有法律規定，便沒有人可以定他的罪。新亞同學對社會事業很熱心，但必須堅持基本觀點，不可因眼前的利益，而犧牲基本觀點。譬如盲人問題、香港節等，是問題的表面，而不是問題的基本。意即香港社會問題，須得到基本及合理的解決。所以，各位當從基本上着手，不可捨本逐末。

我們的國家也好，我們的民族也好，這是我們祖先留給我們的。我們年輕的這一代，責任異常重大；我們各人也應該分清楚那些是基本的觀點，那些是暫時的觀點。各位的成功，也是我們國家的和社會的成功；各位的失敗，也是我們國家的

失敗和社會的失敗，是息息相關的。所以，現在各位立場要堅定，要去尋求基本的意義；並且應當從修養方面，用自己的智慧、自己的良知，來決定甚麼是永久性的觀點、甚麼是暫時性的觀點。也可以講，在香港的青年明白了這兩種觀點，才能避免現代知識青年之苦悶，香港之中國知識青年，只有真誠服務社會才能得到真正的快樂。

某同學問：胡大律師云及香港青年所搞的盲人運動、香港節等是暫時性的觀點；那麼，在香港的環境中甚麼才是永久性的觀點呢？

胡大律師答：我舉一例，香港節的嘉年華會、花車大巡遊等節目玩得很痛快，但回到家裏去一想，香港的青年問題、社會問題、一般沒有房子住的問題，有沒有解決？答案是否定的，都沒有解決。所以，這不是暫時的問題嗎？再回想一下，啊呀！明天我要參加考試、明天我要去辦公、我欠人的二千元明天還不出、明天我太太要生小孩子、醫藥費還未籌備好呢！這些問題，不是一一都來了嗎？所以，我並不是講香港節不好，只是說香港節不過只是暫時的問題、暫時的價值而已。盲人問題，各位同情他們是對的，我個人每天經尖沙咀看見他們，也寄予無限同情，但這問題一拖，就會拖下去的，結果盲人問題，並沒有解決。所以我說，這是暫時的問題。我並未說

你們做的不對；不過，要解決問題，當從根本着手。我希望你們對任何問題，應該從永久的觀點與暫時的觀點來研究，得到結論，見諸行動，才會有力量，才會不被人批評；這是我演講的最重要目的。你們如果這樣做，我想，你們的苦悶一定可以減少很多，成功的機會也會比現在增加。

原載於《新亞生活雙週刊》第十四卷第十期，一九七二年一月十七日